MZ를 경영하라
MZ세대 리프레임

MZ 리더가 바라본 MZ세대 경영법

MZ를 경영하라 : MZ세대 리프레임

초판 1쇄 인쇄 2024년 1월 17일
초판 1쇄 발행 2024년 1월 31일

지은이 김가현

발행인 백유미 조영석
발행처 (주)라온아시아
주소 서울특별시 서초구 방배로 180 스파크플러스 3F

등록 2016년 7월 5일 제 2016-000141호
전화 070-7600-8230   **팩스** 070-4754-2473

값 18,000원
ISBN 979-11-6958-093-9 (13320)

라온북은 독자 여러분의 소중한 원고를 기다리고 있습니다. (raonbook@raonasia.co.kr)

MZ 리더가 바라본 MZ세대 경영법

MZ를 경영하라

: MZ세대 리프레임

김가현 지음

어떤 MZ와 어떻게 일해야 할까?
함께 일하고 싶은 MZ가 원하는
직장, 회사의 모습은?

MZ세대
CEO가 전하는
MZ세대 직원과
성과 내는
성공 경영법!

성과를 내는 조직, 그들이 진정으로 원하는 조직문화,
갓생을 실천하는 MZ와 하이아웃풋을 내는 비법

RAON
BOOK

RAON
BOOK

MZ세대와 함께 성장하는 노하우!

친구들과 이야기하는 자리에서 "MZ오피스 재밌지 않아?"라는 질문이 나왔다. 나는 MZ오피스를 웃으면서 볼 수 없다고 답했다. 같은 MZ이지만, 회사를 운영하는 대표로서 MZ오피스를 보고 있노라면, 사회에서 만났던 수많은 MZ사원들의 모습들이 생각나 웃음보다는 스트레스를 받기 때문이다.

11년 전, 대학을 졸업하기도 전인 23살, 지상파 지역 방송국 아나운서로 합격해 지역에 내려갔던 나는 10년 만에 뽑힌 신입 1명으로, 동기 없이 1N년, 1N살 차이가 나는 선배들과 함께 일을 시작했다. 인력이 적은 지역국이다 보니 아나운서국으로 입사를 했지만 데일리 뉴스 진행을 포함하여 라디오 프로그램 코너 기획, 취재, 리포팅, 선배 아나운서 방송 AD 역할까지 다양한 업무를 할 수 있었다. 워낙 다양한 업무를 하다보니 아나운서 직속 선배들의 프로그램 및 뉴스 진행 업무 교육 외, 다른 업무들을 모두 맨땅에 헤딩하듯 일을 익혔다.

내 이름을 걸고 코너를 만들고, 내 이름으로 기사 및 뉴스가 나가니 더 책임감을 가지고 일에 몰두했고, 11년이 지난 지금도 첫 커리어를 지역국에서 아나운서로 시작한 게 정말 좋은 경험이었다고 생각한다. 내가 만약 본사 언론사에 입사했다면, 주어진 부서, 주어진 일밖에 못 했을 터. 만약 그랬다면, 같은 기간 동안 일하면서도 경험과 성장의 폭이 달랐을 것이다. 오히려 더 다양한 업무를 해볼 수 있는 기회를 주고 여러 경험을 해볼 수 있게 해줬던 첫 직장에 항상 감사한 마음을 가지고 있다.

아나운서를 그만두고 이후 IT 전문지에서 기자를 할 때에도 신생 미디어사에서 초기 기자로 합류하여 취재처 리스트가 없던 불모지에서 직접 컨퍼런스 및 네트워킹 장소를 찾아다니며 취재처 리스트를 완성해 회사에 공유했고, 나아가 토종 한국인의 '영어 울렁증'을 극복하며 전 세계 1위 암호화폐 거래소 바이낸스의 창펑자오 대표, 테크크런치 공동창업자 마이클 애링턴 등을 단독으로 인터뷰하며 워싱턴포스트 등 외신에서도 이용해가는 글로벌 단독 기사들을 빵빵 터뜨렸다.

글로벌 연사들이 찾아오고 초청을 하는 기자가 되니 상하이, 싱가포르, 홍콩, 미국 실리콘밸리 등 다양한 국가로 해외출장을 가는 기자가 됐고, 업계 사람들이 투표하여 주는 '최고의 기자상'도 받게 됐다. 이 모든 것은 나의 성장과 이를 통한 보람. 그리고 나를 믿고 기회를 준 회사에 대한 감사함에서 우러나온 결과였다.

첫 커리어부터 아나운서, PD, 기자로 미디어 산업에서 커리어를 쌓아왔던 나는 누가 시키지 않아도 일을 찾아서 하고, 발제하고, 매뉴얼이 없는 상태에서 성과를 만들어내는 것이 너무 당연했다. 그런데 웬걸. 회사를 운영하다보니 모두가 나와 같지 않다는 사실을 알게 됐다.

밀레니얼인 나 또한 MZ세대 직원들을 이해하기 힘들 때가 있는데, 윗세대야 오죽할까. 같은 MZ면서도 팀원들의 행동이 이해되지 않을 때에는, '나 때는 안저랬는데'라는 생각과 함께 '내가 소위 말하는 젊은 꼰대인가?'라는 자괴감이 들 때도 더러 있었다. 누구나 나한테 좋은 사람이라고 하는데, 내가 이상한 건가? 나는 정상인 것 같은데, 이게 꼰대인건가? 좋은 사람이고 싶은 마음과 스스로를 꼰대로 정의하자니 견딜 수 없는 자괴감 속에서 문득 함께 일하는 수많은 팀원들이 머리에 스쳐 갔다.

MZ세대라고 모두 상사의 말을 무시하고 헤드셋을 끼며 음악을 듣거나, 퇴근시간 10분 전부터 짐 싸며 퇴근 준비 마치고, 회사 밖으로 탈출할 시간만 기다리고 있는 건 아니다. MZ세대 중에 갓생을 실천하며 그 누구보다 뛰어난 성과를 내는 갓생러도 있고, 효율적이게 일을 하며 완벽하게 일처리하는 팀원도 있다. 그리고 문자 그대로 '뼈를 묻을 때까지 뉴스에서 일하고 싶다'라고 말하는 팀원도 있다. '사바사(사람 바이 사람)'라는 말과 같이, MZ세대가 모두 똑같은 특징을 지닌 것이 아니라 사람마다 다르다.

개중에는 퇴근 후에는 연락이 닿지 않고 근무시간에만 볼 수 있는 고스트 족, 혹은 조용한 퇴사를 하는 사람도 있고, 반대로 열정이 넘쳐 야근을 자처하며 200%의 기량을 발휘하여 프로젝트에 열정을 쏟아붓는 사람도 있다. 책을 쓰며 인터뷰로 만난 Z세대 워커들 중에는 같은 Z세대인데도 코로나 때 입학한 '코로나 학번 세대'와 분리하고 싶어하는 모습도 보였다. "저때는 안 그랬는데, 코로나 학번인 후배들은 정말 달라요"라면서. 같은 세대 안에서도 세대가 나눠지는 것이다.

사실 생각해보면, MZ세대의 범위 자체도 1981년생부터 2012년생까지 무려 30년 이상 차이가 나는데, 이들을 어떻게 '하나의 특징'으로 규정할 수 있을까. 여기에서 우리는 이 수많은 MZ 중에서 '어떤 MZ'와 일하고 싶은지 규정할 필요가 있다. 그리고, 함께 일하고 싶은 MZ가 다니기를 원하는 직장은 어떤 모습인지, 우리 회사는 그들이 바라는 모습을 가지고 있는 회사인지 파악할 필요가 있다.

그리고, 그럼에도 이 세대를 관통하는 키워드가 무엇인지, 그리고 이 키워드를 지닌 이들이 진정으로 원하는 조직문화는 어떤 것이며 어떤 모습인지를 파악한 후, '갓생'을 실천하고 있는 좋은 인재와 함께 하이아웃풋을 내며 성장할 타이밍이다.

끝으로 흔쾌히 인터뷰를 응해주신 김소연 대표님, 이정태 대표님, 권서현 대표님, 안태양 대표님, 옥유정 대표님, 이명진 대표님, 김홍실 이사님, 전예찬 대표님, 이가영 대표님과 리더십 코칭을 통해 많은 도움을 주신 김소영 코치님, 이창준 코치님, 그리고 리더십 코칭을 지원해준 아산나눔재단, 좋은 동료 대표님들과 성장할 수 있는 기회를 준 마루360, 제3의 멤버로 뉴즈를 위해 힘써주시는 가인지 안우림 연구원님, 뉴즈에 대해 나보다 더 큰 꿈을 꾸는 뉴즈 식구들, 메이저스 크리에이터들, 라온북 조영석 소장님, 그리고 신혼임에도 일과 책쓰기로 많은 시간을 내지 못하는 내 옆에서 묵묵히 응원하는 영원한 짝꿍 김 군에게 가장 큰 고마움을 전한다.

Contents

Chapter. 1

MZ세대들의 특성-Different

Chapter. 2

MZ세대들과 성과 내며 일하기 - High Output

Chapter. 3

MZ세대 사장의 제안-Just do it!

Chapter.4

High Output-MZ 리더의 특성

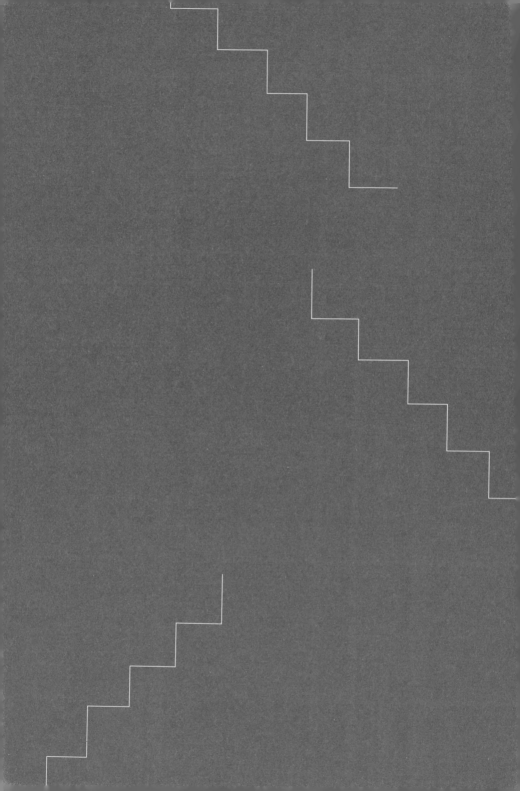

MZ세대들의 특성
–
Different

'방구석에서 월 천 벌기?'
: 월천병에 걸린 MZ세대

"대표님, 월천병이라는 단어 들어본 적 있어요?"

어느 날, Z세대 팀원이 월천병이라는 키워드를 꺼냈다.

월천병은 'ㅇㅇ하면 월 천만 원 법니다.', 'ㅇ개월만에 월 천만 원 번 비결', '방구석 월 천 벌기'와 같이 쉽게 월 천만 원을 벌 수 있다는 콘텐츠들이 SNS에서 우후죽순 쏟아지며 MZ세대 사이에서 '나도 쉽게 월 천만원 벌 수 있다'라는 마인드가 전염병처럼 번지는 현상을 말한다.

물론, 누구나 월 천만 원을 벌면 얼마나 좋을까. 하지만 월천병의 문제는 신입으로 시작해 실무를 배워나가며 몸값을 올려나가는 과정을 밟지 않고 바로 월 천만 원을 벌고 싶은 이상과 현실에서의 갭 차이에서 온다.

이와 함께 너도나도 방에서 쉽게 월 천을 벌겠다는 현상이 나타나는 것을 감염병에 비유하여 '월천병', '월천역병'이라는 신조어가 탄생한 것이다.

그리고 '방구석에서 월 천만 원 버는 방법을 알려준다'와 같은 강의들이 불티나게 팔리고 있다고 하는데, 이 역병 속에 가려진 진실이 있다. 하루 아침에 아무런 경험 없이 갑자기 월 천만 원을 버는 방법은 없다는 것이다.

월 천만 원을 벌 수 있다는 콘텐츠를 만드는 사람들도 하루아침에 월 천만 원을 벌게 된 것은 아니다. 그 사람들의 커리어를 뜯어보면, 최소 몇 년 이상 자신의 업에서 커리어를 쌓고, 기회를 찾아 자신이 쌓아온 실력을 특정 분야에 맞게 살려서 그런 기회를 잡게 된 것이지, 아무런 경험도 쌓지 않고 노력도 없이 천만 원을 벌게 된 것은 아니다. 콘텐츠에 그 과정이 많이 생략된 것일 뿐.

일례로, 누구나 쉽게 될 수 있을 거라고 생각하는 '크리에이터' 또한, 몇 년 동안 지속적으로 콘텐츠를 쌓아 비로소 수익화의 길에 이른다. 회사 유튜브 '뉴커밍'에서 유튜브 1,000만 구독자, 틱톡 1000만 팔로워, 총 2,000만 구독자를 보유한 '그레빠체리(Crazy Graepa)'와의 인터뷰를 진행할 때 가장 인상 깊었던 말은, 그들이 2,000만 팔로워에 달성하기까지 지난 4~5년간 장인정신에 가깝게 콘텐츠를 제작하며, 끊임없이 새로운 것에 도전하고,

도전하고, 도전해서 성공하는 콘텐츠를 찾을 수 있었고, 성공법칙을 찾은 후 하루도 안주하지 않고 1일 1영상을 만들어내며 채널을 키울 수 있었다는 것이다.

150만 팔로워를 보유한 리뷰 크리에이터 '송송한일상' 또한 유튜브 쇼츠, 인스타그램 릴스, 틱톡 등 모든 플랫폼 수익화를 성공시키는 단 1가지 방법으로 '꾸준함을 이길 수 있는 것은 없다'고 강조한다. 그리고 놀랍게도 거의 대부분의 크리에이터들이 본업이 있는 상태에서 취미로 영상을 시작해 채널이 커지고, 부업 수입이 본업을 넘어설 때가 돼서야 직장을 그만둔다. 그리고 MCN을 운영하며, 콘텐츠의 퀄리티가 다르거나 채널을 잘 운영하는 크리에이터들을 보면 대부분 '본업 존잘'이다. 본업에서도 인정받고 능력 있는 사람들이 콘텐츠도 잘 만들고 채널을 잘 성장시킨다. 자신만의 필승 전략이 있기 때문이다.

하지만, 소위 월천병을 유발하는 (쉽게 월 천을 벌 수 있다고 말을 하며, 이를 통해 사회초년생들의 지갑을 열게 만드는) 사람들은 이 노력의 과정에 대해 이야기 하지 않고 '쉽게 / 방에서 / 월 천만 원을' 벌 수 있다고 이야기한다.

그리고 MZ세대가 월천병에 꽂힌 것에 대해 우려 섞인 시각이 존재하는 이유는 '월천병' 가치관에 장착된 기저가 바로 '최저임금'에 내 노동력을 제공할 수 없다는 것이기 때문이다. 내 또래의 누군가는 저렇게 쉽게 월 천만 원을 버는데, 신입사원으로 들어가 최저임금 혹은 신입 월급을 받으며 일할 수는 없다는 것이다. 크리에이터라는 직업 또한 0명의 팔로워로 시작해 차근차근 채널을 키워나가듯, 커리어와 실력도 신입에서 시작해 실력을 쌓고, 향상된 실력에 맞게 연봉이 오르는 것이지, 월 천만 원만 바라보고 아무런 경험을 쌓지 않으면, 실력을 쌓을 수 있는 시간만 지체될 뿐이다.

스타트업 대표 또한 일반 직장, 스타트업 등에서 괄목할만한 포트폴리오를 쌓고, 실력이 있는 소위 '일잘러'라 인정받던 사람들이 창업을 하는 경우가 많다. 그리고 사회생활을 해보고 스타트업을 시작하는 사람과, 사회생활 없이 바로 스타트업을 시작하는 사람들 사이의 갭도 분명 존재한다. 기본적인 비즈니스 매너와 실무를 통해 쌓은 실력 네트워크 풀 등에서 그 차이가 난다. 또한 이론과 실무는 너무나도 차이가 커서, 내가 백날 월 천만 원 강연을 듣는다 한들, 실무적 경험과 실력이 없다면 현실과 이상의 갭 차이만 커질 뿐이다

경험은 돈을 주고도 살 수 없는 것이기 때문에, 내가 몸으로 부딪히지 않으면 내게 남는 경험과 실력을 쌓을 수 없다. 때문에 무엇보다도 이 현상에서 안타까운 부분은, 당장 손에 잡히지 않는 월 천만 원을 바라보며, 회사 월급으로는 성에 안 찬다고 커리어를 쌓지 않거나, 일을 하다가 벽에 부딪혔을 때, 바깥에 더 쉬운 대안이 있을 것이라 생각하며 너무 쉽게 회사를 나가버리

는 사회초년생의 모습들이다. 베르세르크의 명대사 "도망쳐서
도착한 곳에 낙원은 없다"라는 말과 같이, 현실 속에서 꿈을 꾸
고 나아갈 필요가 있다.

때문에 나는 대학 강의를 갈 때마다 아나운서로 첫 커리어를
시작했을 때, 아나운서국에 입사했지만 뉴스 진행 외에 기자와
같이 기사를 작성하고, 선배가 진행하는 프로그램의 AD를 하고,
매주 라디오 생방송에서 내 코너를 발제해 기획하고 취재하며
PD의 업무를 경험할 수 있었던 것이 가장 큰 배움이었다는 이야
기를 했다. 인력이 많지 않은 지역국에서 커리어를 시작한 덕분
에 다양한 업무를 경험할 수 있었던 것인데, 그 안에서 나는 남
들보다 더 많은 것을 경험하고 더 빠르게 성장할 수 있었기 때문
이다. 이와 같은 경험은 억만금을 주고도 살 수 없는 것이다.

그리고 사회생활을 하며 만났던 MZ세대 직원들 중 좋은 성과
와 퍼포먼스를 내는 친구들의 공통점은 쉬운 길을 가려고 하지
않는다는 것이다. 맡은 일을 더 완벽하게 해내기 위해 밤을 새서
고민하고, 주말 내내 찾아보고, 그 노력의 결실을 성과로 만들어
낸다. 또 이들은 면접을 볼 때, 자신의 삶에서 만들어낸 성과들
에 대해 이야기를 한다. 어떤 회사에서 일했을 때, 회사의 구독
자가 몇 명이었는데 자신이 있는 기간 동안 몇백 퍼센트 성장을
시켰다든지, 회사의 월 매출 KPI가 천만 원이었는데, 몇 억대의
수익을 달성했다는 것과 같이, 자신의 커리어에서 자신이 만든

성과를 구체적으로 과정과 함께 이야기 한다.

그리고 이렇게 면접을 보고 뽑은 친구들은 백이면 백, 회사가 원하는 퍼포먼스 이상의 성과를 낸다. 같은 세대, 같은 또래, 같은 나이지만 '업'을 대하는 태도, 자신의 일에 대한 자부심과 자존감, 작은 성취를 하나하나 쌓아나가는 성장하는 기쁨, 이를 깨달으며 시간을 보내는 이와, 반대로 쉬운 성공을 마냥 기다리는 이와의 갭은 6개월, 1년, 5년, 10년이 지날수록 커질 수밖에 없다.

정리하자면, 월 천만 원을 벌고 싶다는 생각과 목표가 나쁘다는 게 아니다. 목표는 클수록 좋다. 하지만, 목표가 있다면 그에 맞는 과정과 계단을 밟아 나가야 하는데, 과정을 건너뛰고 쉽게 돈을 벌고 싶다는 생각에 당장 눈앞의 작은 성취를 쌓아나가려 하지 않는다면, 그 시간을 내실 있게 쌓아가는 사람들과의 갭 차이는 벌어질 수밖에 없다는 것이다. 시간이 지날수록 더더욱.

끝으로, 내가 면접 때 꼭 물어보는 마지막 질문이, 어쩌면 내실있게 실력을 쌓아가며 꿈을 이뤄가는 인재를 가리는 데에 도움이 될 수 있을 것 같아 남긴다.

"직업, 면접을 떠나서 인생의 최종 목표(Goal)가 뭐에요?"

MZ세대, 그들이
MBTI에 진심인 이유

"너 혹시 T야?"

최근 유행하는 이 문장, 많이들 보셨을 것이다. 여기에서 'T'는 '공감을 하지 못하고 사실만 말하는 사람'을 뜻하는 말로, 사고형인 T 성향적 특징을 극대화한 것이다.

MBTI(성격유형테스트)와 관련된 유행어가 만들어질 정도로, MZ세대 사이에서 MBTI는 큰 인기를 끌고 있다. 사실 인기를 넘어 '과몰입'이라는 말이 만들어질 정도이다. 새로운 사람을 만나면 이름, 나이와 함께 서로의 성향을 알기 위해 MBTI를 물어보는 게 당연한 관례로 잡히고 있으며, 연인 상대 고를 때도 MBTI 궁합을 사전에 꼭 확인하는 경우가 허다하다. MBTI에 과몰입한 어떤 회사는 지원자격에 MBTI를 보고 뽑는다며 "E 성향이신

분 많은 지원 부탁 바랍니다. 예외) ENTJ, ESFJ 분들은 지원 불가입니다. I성향이신 분도 많은 지원 부탁바랍니다. 예외) INFP, INTP, INTJ 분들은 지원 불가입니다"라는 채용글을 올려 여론의 뭇매를 맞기도 했다. 이런 MBTI 과몰입 현상에 전문가들은 MBTI를 너무 맹신하지 말라는 우려의 목소리를 내기도 한다.

그런데 정말 신기한 건, 이 MBTI가 갑자기 나타난 개념이 아니라는 것이다. 나는 고등학생, 대학생 때, 그리고 사회에 나와 회사에서 등 MBTI 검사를 2006년~2015년 사이에 받았던 기억이 있는데, 그때만 해도 '내 성격유형 검사에 이런 결과가 있구나, 그리고 이 성향에는 이런 직업이 잘 맞구나' 정도만 보고 넘어갔지, MBTI에 과몰입하는 경우는 많지 않았다. 나는 고등학생 때부터 지금까지 꾸준히 'ENFP'가 나왔는데, '스파크형'이라는 유형이구나라는 생각만 하고 말았던 기억이 난다.

그런데 왜 유독, 지금의 MZ세대가 MBTI에 과몰입을 하는 걸까. 전문가들은 MBTI가 코로나19가 유행했던 2020년과 맞물려 확산됐던 현상을 보며 그 원인에 대해 자신을 타인과 함께 분류할 수 있는 집단에 속할 수 있다는 사실에 위안을 얻었기 때문으로 분석한다. 그런데 나와 Z세대의 특징에 대해 인터뷰를 가졌던 Z세대 인턴은 생각지 못한 답을 내놓았다.

"자기 자신을 잘 모르고, 내가 뭘 원하는지 모르는 Z세대가 많은데, 16가지로 분류를 해주고 라벨링을 해주니 오히려 더 맹신하는 것 같아요. 나 자신을 알고 MBTI를 아는 게 중요한데, 스스로 자신에 대한 성찰 없이 MBTI에서 나온 결과를 맹신하게 되면 '나는 T니까 공감 못해도 네가 이해해'와 같은 결과가 나오는 것 같아요. T, F를 떠나서 기본적인 예의와 공감할 수 있는 태도는 당연히 있어야하는 건데, 나에 대한 정의에 꽂혀 사람과 사람 사이의 기본적인 정의를 뒷전에 둔 느낌이에요. 기본이라고 하는 감각이 없어지고 있는 것이 아닌지, 이런 생각이 들어요"

이 이야기를 듣고 나서 MBTI 과몰입 현상에 대해 왠지 모를 찝찝함을 느끼고 있던 이유의 답을 알 수 있었다. 이미 나 자신을 파악한 후에, MBTI를 보면 '나'라는 자아를 확실히 가지고 있기에, 나의 유형적 강점, 그리고 보완해야 할 점을 눈여겨본다. 그런데 나라는 자아를 스스로 확립하지 못한 상황에서 MBTI를 맹신하면, 자신의 단점 및 부족한 부분을 "내 MBTI는 이거라서, 내가 이렇게 행동하는 거야"라고 합리화를 해버리기 쉽다. 성격유형검사라 함은, 성격유형 검사를 통해 나 자신과 타인의 성격유형을 파악하고, 서로의 성격 유형을 이해하라는 것이지, 이를 자기 잘못의 방어막, 합리화 수단으로 사용하라고 만들어진 것이 아니다. 서로 이해하고 품지 않고, 오히려 MBTI를 기준으로 나누려고 하는 현상들은 필히 지양해야 한다고 본다.

예전에 어떤 TJ 성향의 대표와 커피를 마시다가 본인의 팀원들에게 'TJ'가 돼야한다고 여러 번 이야기하는 것을 보고 충격 받았던 적이 있다. 사람은 각자의 성향대로 고유하고 소중한 존재이다. TJ가 데드라인을 잘 지킨다는 이유였지만, TJ 중에 데드라인을 지키지 않는 경우도 봤고, FP지만 누구보다 데드라인을 지키면서 성과를 내는 경우도 많이 봤다. MBTI는 말 그대로 성향일 뿐, '어느 성향이 옳다'라는 것은 없다. 나 또한 ENFP인데, PD 조연출 당시 막내로서 A부터 Z까지 모든 영역에 단 하나의 실수도 생기면 안되기에 메모하고 기록하고 결벽증처럼 꼼꼼히 디테일을 챙기는 습관이 생긴 이후로, MBTI는 변함없지만 누구보다 꼼꼼히 업무를 진행하고, 더블체크를 넘어 트리플체크까지 할 때도 있다. 그렇기에 "P여서 타임라인 관리를 못 했다, 업무를 놓쳤다"라고 말하는 것 또한 이해할 수 없다. MBTI는 나를 방어하는 변명거리가 될 수 없다.

그런 의미에서 "너 혹시 T야?"라는 유행어 또한 달갑게 보이지는 않는다. 이 또한 F와 T의 편을 가르는 것이니. T 중에도 공감 잘하는 T가 있다. 사실은 사람이 모두 다르기 때문에, 똑같은 MBTI여도 다를 수밖에 없다. 뻔한 말이지만, 어떻게 80억 명의 인구를 16개의 성격으로만 나눌 수 있을까.

강남세브란스병원 정신건강의학과 오주영 교수는 IT조선과의 인터뷰에서 "검사 결과를 보고 성격 유형을 구분하고, 상대방의 성격을 단정지어선 안된다. 일란성 쌍둥이조차 완전히 똑같이 생긴 사람은 없는 것처럼 개인의 성격은 모두 다르다. 결과를 너무 맹신해 상대방에 대한 선입견을 갖거나 쉽게 판단하는 것은 바람직하지 못하다"라고 말하기도 했다.

나 자신에 대해 스스로 고민하고, 파악하며 더욱 단단하게 자아를 탐구해볼 수 있게 된다면, MBTI는 나를 구성하는 여러 요소 중 하나일 뿐, 이에 과몰입해 가치관이 협소해지는 시각은 줄여나갈 수 있을 것이다. 여기에서 우리가 주목해야 할 것은, 나쁜 MBTI, 좋은 MBTI가 따로 있는 것이 아니라는 점이다. 나의 단점을 MBTI로 정당화하려 하지 않고, 나와 다른 성향이라고 무작정 선 긋지 않고, 스스로를 돌아보고 타인을 받아들이려는 이해가 있을 때 더 건강하게 성장할 수 있지 않을까?

그들은 어쩌다가
관계포비아에 걸렸을까?

"코로나 세대는 저희랑 또 달라요"

책과 관련해 Z세대 대학생과 Z세대의 특성에 대해 인터뷰를 하던 중, 코로나 세대는 본인 세대(코로나 이전 Z세대)와 또 다르다는 이야기가 나왔다. Z세대가 개인적이고 사회성이 없다는 편견에 대해 본인 세대는 동의하지 않지만, 코로나 학번을 보면 그 말이 공감된다는 맥락에서 나온 말이었다.

Z세대가 구분하는 코로나 세대는 어떤 특징을 지닐까. 코로나 세대란 코로나바이러스 감염증의 영향을 직접적으로 받은 세대라는 의미의 신조어로, 많은 세대가 영향을 받았지만, 2020년 이후 코로나 팬데믹 시기에 학창시절을 경험한 2002~2014년생을 주로 일컫는다. (일본에서는 2020년대 초반에 학창시절을 보낸 2002년생

~2015년생을 코로나 세대로 정의하고 있다.)

코로나 세대가 가장 큰 영향을 받은 것은 대면으로 학교에 가지 못하고 대부분의 수업이 인터넷 강의나 사이버 강의로 전환되며 오프라인 모임이 단절된 점이다. 학교라는 공간은 '작은 사회'를 경험할 수 있다는 큰 역할이 있는데, 사회를 경험하지 못하면서 기본적인 대화나 사회에서의 대인 커뮤니케이션(의사소통), 인간관계 등에 조금씩 제약이 생겨버린 것이다.

그래서 코로나 시국에 입학한 대학생들이 학점이 잘 안 나왔을 때 부모가 교수한테 전화를 대신하여 항의한다거나, 출결처럼 기본적인 학사 문의도 부모가 대신해주는 사례가 늘어나 "학사 관련 문의는 학부모님이 아닌 본인이 직접 해주세요"라고 공지한 한 대학 사례가 공개되는 웃픈 상황이 있기도 했다.

그리고 이는 관계포비아(관계 두려움증)로도 이어지는데, 실제 알바천국이 2023년 MZ세대를 대상으로 한 조사에 따르면 MZ세대 35.6%가 '콜 포비아' 증상을 겪고 있는 것으로 나타났다. 이는 작년 대비 5.7% 포인트 늘어난 수치다.

콜포비아는 전화통화를 기피하는 현상으로, 통화보다는 문자나 모바일 메신저, 이메일로 소통하는 것을 선호하는 현상을 말한다. 콜포비아 현상을 보고 '대체 왜 전화통화가 두려운 거지?'라는 의문이 드는 사람이 있을 것이다. 나 또한 그랬다. 전화는 전화일 뿐인데, 왜 두려울까. 하지만 콜포비아는 오히려 스마트폰과 너무 가까운 세대에게서 나타나게 된 현상이다. '콜포비아'라는 개념은 스마트폰과 함께 등장한 개념으로, 손가락으로 버튼 하나만 눌러도 대화와 배달, 물건 주문 등 많은 것들이 해결되다 보니 메신저나 문자는 익숙하지만, 전화통화가 어색해지거나 두려워지는 것이다.

그렇다면, 거의 기억을 지니고 있는 유년기부터 스마트폰이 익숙한 Z세대에게 전화통화는 더욱 낯선 개념일 수 있는 것이다. 거기에다가 성인이 된 이후 형성된 '작은 사회'인 대학교에서 교수님과 동료, 선배들과 비대면으로만 대화를 하면 그들에게 '대인관계'는 낯선 것일 수밖에 없다.

대학교 새내기 때를 돌이켜보면, 동기들과의 교류, 선배와의 대화, 교수님과의 소통 속에서 차차 사회적인 대인관계를 발달시키지 않았는가. 그때로 돌아가면 얼마나 어려서 잘 몰랐는지 '이불킥'하고 싶다는 사람도 많을 것이다. 코로나 세대에게는 누군가 당연하게 경험했을 이 시기의 경험이 부재한 것이다. 그래서 실제로 '인간관계'에 대해 대학교 수업으로 수강하며 배우는 코로나 세대도 많다고 한다.

비단, 이 때 대학교를 입학한 사람만 이런 일을 겪었을까? 아니다. 이때 취업을 하거나 사회로 나온 사람들에게도 녹록지 않은 환경이었다. 코로나 팬데믹으로 인해 많은 곳이 문을 닫고, 일자리가 줄어들며, 코로나로 인해 사회적 활동이 줄어들 수밖에 없는 환경이었다. 첫 취업이 코로나 팬데믹 때라 비대면 근무, 재택 근무로 일을 시작한 세대는 오프라인 근무로 전환하는 것에 적응하기 힘들 수도 있다.

그래서 이 시기를 겪지 않은 우리 윗세대는 적어도 이들이 사회성을 배울 수 있는 기회를 주고 기다릴 필요가 있다. 이들이 싫어서, 하지 못해서 안 하는 게 아니라, 정말 말 그대로(literally) '몸소 배우지 않아서, 몰라서 하지 못하는' 상황도 부인할 수 없기 때문이다.

한편, 생각을 전환하면, 이 세대는 비대면에 강하기에 온라인 커뮤니케이션 능력 및 온라인에서의 활동과 사회적 교류와 경험이 그 어느 세대보다 뛰어나다.

개인의 의지가 아닌, '코로나 팬데믹'이라는 사회적 환경에 의해 제대로 사회성 배울 수 있는 기회를 놓친 이들에게 차근차근, 이들이 사회성을 배우고 성장할 수 있도록 방향을 알려주고 기다려주면, 디지털 환경에서의 소통을 넘어서 오프라인 소통까지 마스터하여 새로운 시너지를 내는 MZ세대의 모습을 볼 수 있을 것이다.

MZ세대라고 말하기 무서워요
: '낙인'이 되어버린 MZ세대

'개인주의, 사회성 결여, 노력과 끈기가 부족하다.'

으레 'MZ세대'라고 하면 떠오르는 단어들이다. 특히나 미디어에서 MZ세대의 일부 특징들을 과장하거나 희화화해, MZ세대의 부정적인 이미지가 더욱 강화됐다.

하지만 막상 주변의 MZ들을 둘러봤을 때 어떤가. 모두가 상사의 말을 무시하고, 헤드셋을 끼고 음악을 듣거나, 퇴근시간 10분 전부터 짐 싸고 퇴근 준비 마치고 퇴근할 시간만 기다리고 있는 모습일까?

개중 누군가는 업무시간에 헤드셋을 끼고 음악을 듣지만 누구보다 빠르게 일을 처리 하거나, 퇴근 시간이 되면 칼같이 퇴근하지만 맡은 업무를 효율적이고 완벽하게 마치는 사람도 있을 거다. 처음 입사한 회사에 남다른 애사심을 가지는 직원도 있을 거고, 회식을 좋아하며, 성과 달성을 위해 야근을 자처하는 직원도 있을 것이다.

MZ세대가 사회성이 부족하다고 하여, 새로 들어온 직원에 대해 걱정이 앞섰다가도, 여느 직원보다 싹싹하고 사회성 좋은 직원도 봤을 것이다. 그럴 때 '이 친구는 내가 생각하는 MZ세대와 다르네?'라는 생각이 들 수도 있다.

하지만, 자세히 들여다보면 어떻게 1981년생부터 2012년 생까지, 31년의 차이가 나는 이들을 하나의 특징으로 묶을 수 있을까. MZ세대가 규정하는 전체적인 연령대를 보고 있노라면, 'MZ세대의 특징'이라는 키워드와 다른 모습을 지닌 사람들이 여럿 생각날 것이다.

MZ세대에는 다양한 양상의 사람들이 있다. 그중에는 우리가 학창시절 '프리라이더(무임승차자)'라고 부르던 책임감 없는 이들도 있고, '나 자신의 이익' 및 '나 자신을 돌보는 일'에 몰두하는 개인주의인 사람들도 있다. 하지만, MZ세대라고 모두 이런 특성을 지니는 것은 아니다.

프리라이더가 있다면, 이면에는 그 프리라이더의 몫까지 챙기며 팀원들을 멱살 잡고 이끌어 프로젝트를 마치는 프로젝트 조장도 있을 거고, 누구보다 타인의 성장에 관심을 가지고 혼자가 아닌, 함께 성장하기 위해 '선한 영향력'에 힘쓰는 사람도 있다.

하지만, 일부 미디어에서 우리가 살면서 봐왔던 MZ세대 중 안 좋은 특징을 결합한 '총체적 난국'의 캐릭터를 만들어 빌런 끝 판왕의 모습을 보여주었고, 이를 통해 일부 특성들이 더 도드라 져 보인 것도 부인할 수 없다.

누군가는 재밌다며 웃어넘길 수 있지만, 해당 프레임이 그대 로 씌워진 MZ세대는 어떨까. 책을 쓰며 인터뷰를 통해 만났던 Z 세대 인턴 직원은 'MZ세대'가 유독 다른 세대에 비해서 낙인찍 히는 느낌이 든다고 고민을 토로했다.

"알파세대나, X세대에는 강렬한 프레임을 씌운다는 느낌이 없는데, MZ세대는 MZ오피스 등과 같은 프로그램을 통해 부정 적인 이미지의 굴레가 씌워져 있다는 생각이 든다"고 입을 열었 다.

"타인의 말을 잘 안 듣고, 개인주의적인 이미지가 씌워진 MZ 세대이다 보니, 어디 가서 대한민국의 'MZ세대'라고 말하는 게 쪽팔리고 오히려 더 눈치가 보인다"라고 덧붙이기도 했다.

그리고 이 말을 듣는 나 또한 괜스레 미안한 마음이 들었다. 같은 MZ세대이지만, 회사를 운영하며 만난 상식적이지 않은 행 동을 했던 사회초년생들, 사회생활을 하는 팀장급 친구들과, 주 변의 대표들을 통해 들었던 최악의 사례들로 어느 순간 '요새 MZ세대들은 다 이래'라고 일반화하고 있지는 않았을지 나를 되돌아보게 되는 시간이기도 했다.

실제로 〈미디어에서 묘사된 MZ세대 조직원 특징에 대한 당사자의 주관적 인식연구〉(조재희 외, 《한국언론학보》67권, 2023)에 따르면 최근 미디어에서 MZ세대는 △개인주의적이고 △거침없이 의견을 표현하며 △조직에 헌신하지 않는 '까다로운 개인주의자'로 묘사되고 있다.

참여자들은 전반적으로 미디어를 통해 묘사된 MZ 조직원의 모습을 부정적으로 평가했으며, 단순 설문뿐 아니라, 일상의 대화에서도 많은 이들이 이렇게 생각하고 있다는 사실을 발견할 수 있다. 이런 상황 속에서 MZ세대들이 스스로를 MZ세대라고 말하기 쪽팔린다고 생각하는 것도 과장은 아니다.

이와 더불어, 이미 10년 차 혹은 과장급인 밀레니얼은 현시점에서 신입인 'Z세대'와 'MZ세대'로 엮이고 싶지 않다며 구분되기를 원하고 있다.

30년이라는 갭 만큼이나 다양성과 개성이 디폴트인 MZ세대. 이들의 모습을 어떻게 안 좋은 특징을 모은 빌런 총합체로 정의할 수 있을까. 이들의 이미지를 재구축하고, 함께 성과를 낼 수 있는 조직원으로 경영하기 위해 그 어느 때보다 MZ세대의 리프레임이 필요한 때이다.

개인주의가 아닌, 초개인주의
: 하이퍼 퍼스낼리티

쪼개지고, 흩어지고, 홀로서는 '핵개인'. 개인이 상호 네트워크의 힘으로 자립하는 새로운 개인의 시대. 빅데이터 전문가 송길영 작가는 저서《시대예보 : 핵개인의 시대》에서 이 새로운 개인을 '핵개인'이라 정의했다

이전 세대들과 확연히 다른 MZ세대의 특징 중 하나는 강렬한 개인주의적 성향이다. 하지만 개인주의는 '이기주의'와 구분하여 이해할 필요가 있다. MZ세대는 개인의 독특한 존재성을 중시하며, 자신만의 정체성과 가치를 찾고자 한다. 이는 과거의 집단주의적인 사회적 흐름과 대조적이다.

과거에는 집단이나 조직의 일원으로서 개인의 존재가 상대적으로 희미하고, 집단의 목적과 가치가 우선순위를 지배했다면,

MZ세대는 자신의 고유성을 존중하고 이를 강조한다. 그 결과로 이들을 '하이퍼 퍼스낼리티'로 표현하고자 한다. 이는 자신만의 독특한 삶과 가치관을 형성하려는 강한 욕망을 의미하기도 하는데, '하이퍼 퍼스낼리티'란 타인과 구분되는 자신만의 모습을 보여주는 것으로, 뚜렷하게 자신의 존재감을 보여줄 수 있는 취향을 표현하고, 타인의 인정 여부와 무관하게 오롯이 '나'에게 집중하는 것이다. 이는 개인의 관심사나 취향을 고려하여 콘텐츠나 제품이 개인에게 맞춤화되는 경향을 이끌고, MZ세대는 이러한 맞춤형 서비스와 경험에 큰 가치를 두며, 이것이 MZ세대의 두드러진 특징으로 자리 잡고 있다. 이를 개성을 넘은 극개성의 성향이라고도 표현한다. (출처 : 밀레니얼-z세대 트렌드 2023)

흥미롭게도, MZ세대의 개인주의는 다양성과 결합되어 있다. 다양성은 MZ세대들의 관심사, 가치관, 삶의 방식에서 두드러지며, 이는 특정한 유형에 속하는 것이 아니라 각자의 독특한 이야기와 특성을 가진 '개별적인 존재'로 인정받고자 하는 것이다.

MZ세대의 개인주의 강화와 하이퍼 퍼스낼리티 특징은 실제로 사회 전반에 영향을 미치고 있다. 기업들은 개인화된 서비스와 제품을 개발하고, 사회적으로도 다양성과 포용성을 강조하며, 이와 함께 새로운 사회적 가치와 사고의 틀이 만들어지고 있다. 때문에 그 무엇보다, MZ세대의 '개인주의'를 '잘' 이해할 필요가 있다. 이는 미래의 사회에서 더 많은 변화와 발전을 가져올 것이기 때문이다.

이와 함께 눈여겨볼 특징은, 하이퍼 퍼스낼리티를 추구하는 MZ세대가 '소셜미디어를 통한 개인브랜딩'에 큰 관심을 가지고 있다는 것이다. 자신의 존재성을 소셜미디어를 통해 표현하고자 하며, 자신만의 이야기를 전달하려 한다. 예를 들어, 하루를 알차게 보냈을 때 '#갓생러'라는 해시태그와 함께 피드 게시물을 올리거나, 운동을 마무리했을 때 '#오운완' 해시태그와 함께 게시물을 올리는 식이다. 꾸준히 하는 취미가 있을 경우, 본계정과 구분하여 카테고리에 맞게 취미 계정을 따로 만들기도 한다.

그렇다면 회사는 이같은 특성을 지닌 MZ와 어떻게 상생할 수 있을까? 회사의 가치관과 서비스를 강조하는 소셜 미디어 전략을 MZ와 함께 해볼 수 있다. 실제로 뉴즈에서는 소셜미디어 마케팅 및 에디터를 사회 초년생 혹은 대학 인턴들에게 종종 맡긴다. 소셜미디어를 자연스럽게 접하고, 이곳에서 노는 것이 일상인 Z세대 팀원들이 소셜미디어 트렌드에 누구보다 익숙하기 때문이다. 이들에게 소셜미디어는 일이 아닌 놀이터이다. 또한 직원들이 회사를 자랑스럽게 여기게 되면, 본인들의 소셜미디어에도 회사 관련 행사 및 소식을 공유하기에, 자연스럽게 회사 바이럴도 이뤄질 수 있다. 그리고 무엇보다 우리 회사가 직원들의 대표 포트폴리오로서 남게 된다면, 이들은 누가 시키지 않아도 그 누구보다 멋지게 본인이 맡은 회사의 프로젝트를 SNS로 표현할 것이고, 회사의 가치관과 서비스, 브랜드를 효과적으로 홍보하고 커뮤니케이션할 수 있을 것이다.

또한, 다양한 배경을 가진 MZ세대 구성원들의 창의적인 아이디어와 관점을 존중하고 수용함으로써 회사의 문제 해결과 혁신에 큰 도움이 될 수 있다. '창의적인 조직'이 될 수 있는 것이다. 더불어 서로 다른 관점을 존중하고 팀원들 간에 상호작용을 통해 다양성을 활용하는 문화는 팀워크를 향상시키고 새로운 아이디어를 발전시키는 데에도 큰 도움이 될 수 있다.

MZ세대의 하이퍼 퍼스낼리티는 기업이 제품과 서비스를 제공하는 방식부터 내부 문화와 마케팅 전략까지 다양한 측면에서 긍정적인 영향을 미칠 수 있고, 회사가 이러한 특성을 이해하고 적극적으로 수용하면서 유연하게 대응한다면, 더 큰 성과를 창의적인 방법으로 빠르게 이룰 수도 있을 것이라 생각한다.

목표를 공유하면
스스로 춤추는 고래가 된다

　평생직장이라는 개념이 사라진 이 시대에, 승진보다 워라밸이라는 단어가 익숙한 MZ세대. 그런데, Z세대가 오히려 더 야근을 많이 하는 회사가 있다?

　97년생으로 대표 본인이 Z세대이기도 한 디지털 휴먼 모션 생성 스타트업 '플루언트'의 전예찬 대표는 회사에서 오히려 Z세대가 야근을 많이 한다고 전했다.

　오히려 Z세대가 야근을 더 많이 하다니? 일반적으로 '워라밸'을 중시하고, '개인의 시간'을 중시할 거라 생각했던 Z세대의 특징과 다소 다른 말이 나와 대체 그 Z세대들이 일에 몰입할 수 있게 만드는 원동력이 무엇일까 궁금해졌다.

　전 대표는 처음에는 물론 신입 직원들이 워라밸을 중시했지만, 지속적으로 팀원들과 대화하며 개인의 성장과 회사의 성장이 같이 갈 수 있는 방향을 강조했다. 그리고 이를 위해 회사가 프로젝트 성공을 위해서는 어느 정도의 성과를 내야 하는지 목표를 공유하다 보니, 그것을 달성하기 위해 출퇴근 시간에 대한 제약을 없앴고 시간적으로 터치를 하지 않았다고 밝혔다. 대부분 자율 출퇴근을 도입한 회사에서는 '오전 11시~오후 5시'와 같이 누구나 공통으로 근무해야 하는 특정 시간대인 '코어시간'이 있는데, 플루언트는 코어시간의 개념도 두지 않고 시간에 대한 터치를 아예 하지 않았다. 이렇게 팀원들에게 믿음을 줌으로써 팀원들 또한 시간에 대한 강박이 없어지면서 오히려 팀원들이 시간과 관계없이 일을 하게 됐다고 전했다.

하지만, 모든 회사가 그렇듯, 모든 구성원이 희망적인 케이스이기는 힘들다. 때문에 전 대표는 채용을 할 때 그 사람의 태도, 책임감, 성품을 정말 많이 본다고 밝혔다. 이전 직장에서의 성과 및 태도를 면접으로 확인하고, 수습기간에 그 팀원을 지켜보면서 이 사람은 자율성을 부여해도 충분히 본인의 일에 대해 책임감 가지고 일할 수 있겠다, 혹은 아니다를 가려낼 수 있다는 것이다.

때문에, 면접을 볼 때 우리 조직은 '성품'이 정말 중요하다는 것을 강조하며, 팀원들이 감정적인 요소 때문에 출근하기 싫어지는 회사는 만들지 않기 위해 노력한다고 밝혔다. 그리고 성품과 인성을 중시하는 조직문화가 구성원들에게 이해되면, 실제 본인의 성향이 공격적이더라도, 좋은 성품을 지키려는 문화에 동화가 되기도 한다며, 혹시나 어떤 팀원이 괴롭게 하거나 공격을 해서 출근하기 싫어지면 꼭 공유를 하라고 당부한다.

때문에 전 대표는 면접으로 들어올 수 있는 허들이 높다고 전했다. 플루언트의 경우 글로벌 서비스를 하기 때문에 실력도 있어야하고 영어 회화도 할 수 있어야 해서 그 두 가지 조건에서 많이 정리되는 편인데, 일단 면접을 하기 전 사전에 알아둬야 할 필수적인 질문 다섯가지를 문자로 먼저 묻고, 대답이 부합한다고 생각됐을 때 면접을 진행한다고 밝혔다.

전 대표가 공유한 문자 사전 질문은 다음과 같다.

"안녕하세요, 플루언트 전예찬입니다. 저희 회사에 지원해주셔서 감사드리며, 몇 가지 궁금한 사항이 있어서 문자 드립니다.

1-1. 음성AI 기반 아바타 안면 모션 생성 모델 개발에 관심이 있으신가요? (*직무에 따라 상이*)

1-2. LLM 기반 아바타 모션 생성, 감정 분류 모델에 관심이 있으신가요?(*직무에 따라 상이*)

1-3. 위 두 모델 관련 MLOps 업무에 관심이 있으신가요?

2. 희망하시는 연봉의 레인지가 있으신가요?

3. 한국 서울(역삼동)에서 근무가 가능하신가요? 혹은 재택근무를 선호하시나요?

　　4. 영어로 비즈니스 대화가 가능하신가요?

　　감사합니다."

이를 우리 회사(뉴즈) 제작팀 채용에 적용해본다고 가정한다면, 다음과 같이 질문을 수정할 수 있다.

　　"안녕하세요, 뉴즈 김가현입니다. 저희 회사에 지원해주셔서 감사드리며, 몇 가지 궁금한 사항이 있어서 문자 드립니다.

1-1. 숏폼 정보 콘텐츠 제작에 관심이 있으신가요?

1-2. 숏폼을 넘어 롱폼(유튜브) 정보성 채널에도 관심이 있으신가요?

1-3. 위 두 업무에 관심이 있으신가요?

　　2. 희망하시는 연봉의 레인지가 있으신가요?

　　3. 서울(역삼동)에서 근무가 가능하신가요?

　　4. 출근은 언제부터 가능하신가요?

감사합니다."

면접 때 다 묻는 내용들이라서 '문자로 물어본다고 별다를 게 있을까?'라고 반신반의했지만, 실제 당시 진행 중이던 채용에 적용해보았다. 그리고 면접 전 문자 질문이 생각보다 큰 도움이 된다는 사실을 발견했다.

먼저, 면접 시간을 다 정해놓고 당일에 노쇼하는 경우를 한 번쯤 접한 적 있을 것이다. 문자 질문을 던졌을 때, 회신 유무가 면접 노쇼보다 편리하게 작용하며, 회신 내용에 따라서도 지원자가 우리 회사에 대해서 얼마만큼의 관심이 있는지 파악할 수 있다. 추가로 실제 면접으로 이어진 지원자와 면접을 진행하며 편했던 부분은, 마음에 드는 면접자를 봤을지라도 희망연봉 레인지를 알 수 없어 선뜻 연봉을 선제시하기 어려운데, 사전 문자에서 연봉 레인지를 알 수 있어 이 또한 회사에서 미리 채용 가능 여부를 파악할 수 있는 것이다.

이어 전 대표의 경우 면접에서는 인성과 관련한 질문을 굉장히 많이한다. 이토록 인성을 중요시 보는 이유는 사람, 동료. 상사가 쓸데없는 것으로 시비 거는 등의 공격했을 때 일의 능률이 떨어지는 경험을 했고, 일은 힘들어도 적어도 사람 때문에 힘든 사람은 없게 만들자는 전 대표의 원칙 때문이다. 그리고 회사의 구성원들이 만족하는 포인트 또한 이 부분이다.

전 대표는 외재적 동기는 잘 안 쓰려 한다고도 했다. 돈 자체가 주는 보상보다 내재적 동기와 공감하게 되면 회사의 성장을

44

통해 개인도 함께 성장하기 위해 노력하며, 성과를 내야겠다는 마인드로 바뀐다는 것이다. 참고로 이때의 '외재적 동기'란 목적에 대한 수단으로서, 어떠한 활동에 참여하게 되는 동기이며, 보상, 인센티브, 칭찬과 같은 것을 들 수 있다. 또 내재적 동기란 어떤 활동 자체를 하고자 하는 동기로, 스타트업이나 회사의 경우 회사의 비전과 가치관을 예로 들 수 있다.

전 대표는 Z세대와의 협업 노하우로 '개인 바운더리'를 지켜주는 것을 꼽았다. 일례로 회식을 하게 됐을 때, 누구는 술 마시고, 누구는 안 마시고와 같은 부분은 개인의 특성이기 때문에, 이런 다양성 때문에라도 묶어서 회식하지 않고, 워케이션 등을 갈 때에도 전 직원이 아닌, 희망자만 받아서 간다. 점심 또한 같이 먹고 싶은 사람끼리 먹게 한다. 회식으로 얻는 공동체성보다 오히려 개인의 사생활을 존중해주고 배려했을 때 나타는 공동체성의 힘이 더 크다고도 전했다.

공동체성이란 새벽에 등산을 불러내는 등으로 만들어지는 것이 아니라, 조직의 커다란 비전을 강조하고 서로가 이해하며 생각이 일치할 때, 그리고 그 기반이 개인적인 부분을 존중해줄 때 발현될 수 있다는 것이다.

전 대표는 특히 Z세대를 '개인주의'라고 프레임을 씌우는 게 가혹한 표현이라고도 전했다. 팬데믹 시국에 비대면으로 마스크를 쓰고 학교 및 직장 생활을 시작했기에 어느정도 대면하는 것에 어려움을 느낄 수 있고, 이는 그들이 의도했다기보다는 사회 환경적인 부분에서 기인한 것이다. 따라서 본인들이 원해서 대면 활동에 어려움을 느끼게 된 것이 아님을 고려해 개인에 대한 존중, 상황에 대한 존중이 확보된다면, 누구보다 공동체를 사랑하는 사람이 될 것이며, 공동체에 사랑을 쏟을 수 있는 세대라고 강조했다. 조금만 과거의 상황에 대한 이해와 존중이 있다면 누구보다 더 열심히 참여하고 오래 일할 수 있는 세대인 것 같다고도 전했다.

다만, 모든 영상이나 콘텐츠 소비가 짧아지고, 게임으로 빠른 보상을 받게되는 경험 등 Z세대와 관련해 '도파민 이슈'가 있는데, 짧은 시간 콘텐츠를 소비하고 즐거움을 얻기 때문에 자연스레 집중력이 떨어지고 무언가에 끈기나 몰입하기가 어려워지는 것도 있는 것 같다고 한다. 무언가를 오래오래 끈기있게 도전해서 결과물을 얻어내고, 이러한 성취를 바탕으로 또 도전해서 성취하는 선순환이 이뤄져야 하는데, 무언가 도전했을 때 너무 높은 벽이다 싶으면 안해버리는 것을 선택하는 것도 더러 볼 수 있단다. 빠른 보상에 익숙해져 있다보니, 무언가에 도전하고 성취하는 그 과정 자체가 너무 길고, 지루하니까 포기해버리는 경우가 많고, 외부의 시각에서는 이를 쉽게 포기하는 것처럼 볼 수 있을 것 같다고 밝혔다.

때문에 전 대표는 채용할 때 '도파민에 중독되지 않은' 사람을 뽑으려 한다고 덧붙였다. 도파민에 중독된 사람들은 쉽게 뭔가를 해서 보상이 돌아오면 이에 쉽게 빠져드는데, 큰 노력을 들이지 않아도 보상이 오다보면, 무언가 오랫동안 노력해서 작은 보상이 오는 것에 대해 만족을 못하게 되는 악순환으로 도파민에 대한 구조가 망가지게 된다. 그러다 보니, 작은 노력으로 높은 쾌락을 찾게 되는 악순환이 반복되는 것이다. 도파민에 중독되지 않은 사람이란 역으로 '악바리 정신', 혹은 성공과 성취를 끌어내는 데 결정적 역할을 하는 투지 또는 용기를 의미하는 소위 '그릿(Grit) 정신'이 있는 사람이고, 이들이 스타트업과 맞는 인재라고 생각한다고 밝혔다.

많은 대표들은 회사의 핵심 가치나 코어밸류와 맞지 않은 사람을 채용해서 HR전략으로 바꿀 수 있을지 고민한다. 물론 오랜 시간을 들이면 조금 조금씩 바뀔 수 있다. 하지만, 시간적·물리적 여유가 많지 않은 스타트업의 경우 결국은 조직의 특성에 맞는 인재를 채용하는 것이 가장 중요하다. 코어밸류와 우리 회사에 맞는 인재상을 찾는 방법은 Chapter.3의 〈코어밸류를 정하고 이를 기반으로 인재상, 인사평가체계를 도입하라〉에서 자세히 공유할 예정이다.

수평적인 문화에서
기량을 발휘하는 MZ세대

　MZ세대 대표 키워드로 꼽히는 2가지가 있다. 바로 '개인주의'와 '수평적 문화'이다. 수직적 관계를 감내해왔던 윗세대와는 달리, 전형적인 수직적인 관계보다 수평적인 환경을 더 선호하는 것이다.

　대기업, 스타트업 등 5곳의 회사에서 일해본 경력이 있는 동네 기반 O2O 육아 커뮤니티 '육아크루(다이노즈)' 공동 대표이자, 밀레니얼인 이가영 대표는 '수평적인 문화'의 중요성을 최우선으로 강조했다. 직원의 시선으로 봤을 때 회사에서 아무리 '우리 회사는 수평적이다'라고 말해도 구성원들에게 와 닿지 않는다는 생각을 많이 했기 때문이다. '님 문화', '영어 이름 문화' 등 여러 방법이 있지만 실제로 수평적인 문화로 작동하지 않는다는 느낌을 받았고, 이러한 경험을 토대로 대표가 된 이가영 대표는 '실제로 수평적인 조직이 될 수 있도록 시스템이 있어야 된다'는 고민을 했다.

그렇게 〈수평적인 회사 만들기〉 프로젝트를 통해 탄생한 다이노즈의 호칭 체계는 '식자재 이름 문화'였다. 참깨, 겨자, 망고, 콘, 커피빈, 브로콜리 등 식자재를 쓰는 다이노즈에서 이 대표의 호칭은 '겨자'다.

님으로 부르든, 영어 이름으로 부르든, 본체의 이미지와 크게 분리되지 않아 '위계질서'나 '수직적인 분위기'가 깨진다고 생각하지 않는다는 것이다. 예를 들어, 대기업 회장님을 영어 이름으로 부른다고 해서 수직적인 위계(Hierarchy)가 깨지지 않듯이 말이다.

하지만 식자재 이름으로 부르면 약간 유쾌하기도 하고, 비일상적이기도 해서, 부캐 같은 느낌이다 보니 '이가영'이라는 사람, 회사 대표로서의 인물보다는 같이 서비스를 만들어가는 동료로서의 '겨자'라고 한 번 다르게 인식하게 되는 것 같다고 전했다. 그래서 유난히 멤버들이랑 더 친하고 조금 더 수평적인 문화가 되어 유기적인 관계가 될 수 있다고 생각한다고 밝혔다. 이런 분위기를 만들 수 있는 게 '호칭' 하나에서 오는 힘이 크다고 생각한다고도 밝혔다.

이를 통해 구성원들은 대표와 리더 또한 수평적인 동료로 생각할 수 있고, 대표 또한 필요할 때 언제든지 호출할 수 있는 사람이라는 것을 각인시키려 한다고 밝혔다.

그렇다면, 이렇게까지 수직적인 문화를 피하려는 이유는 무엇일까. 이 대표는 '임파워먼트(empowerment, 권한과 능력)가 이뤄졌을 때', 그리고 '내가 조직을 진정으로 신뢰할 때' 가장 크게 동기부여를 받는다고 생각한다며, 수직적인 조직의 경우 의사결정권이 위에서 아래로 내려갈 수밖에 없기에 리더가 의사결정하는 것을 구성원이 오퍼레이션 하는 게 아닌, 각각 모두가 의사결정을 하고 본인의 담당 업무에서 어떤 게 제일 좋은 방법인지를 스스로 고민해서 누구보다도 깊이 있는 인사이트를 가져오게 하는 게 훨씬 개인에게 권한과 자율, 책임을 줄 수 있는 방법이라고 밝혔다. 결과적으로 팀의 최선의 성과를 위해 수평적인 문화가 필요하다는 것이다.

특히나 스타트업 혹은 프로젝트별로 구성돼 있는 조직에서는 한 명 한 명이 회사에 대한 애정과 로열티를 가지고 그 이상의 결과물을 가져오는 게 팀 전원에게 필요한데, 이를 위해서는 구성원이 진짜 '내 일'이라고 생각을 하는 게 첫 단추다. 그리고 구성원 개개인이 최종적으로 모든 걸 다 컨트롤할 수 있는 느낌을 받아야 실제 성과를 내도록 몰입한다는 것이다. 자율이 있는 만큼 책임도 있고, 그만큼 '개개인에게 맡겨진 업무는 당신 한 명의 온전한 일이다'라는 메시지를 전할 수 있도록 노력하고 있다고 밝혔다.

'내 일'이라고 생각하는 구성원들은 약속된 업무를 데드라인까지 책임져 지키고, 그 기간도 본인이 정한다. 물론 업무 스케줄링이 너무 오래 걸리는 것처럼 느껴지면 조정을 하지만, 이 또한 대표나 리더가 하달하듯 전하는 게 아니라, 오래 걸리는 이유가 뭔지 설명을 듣고, 그 간극을 조정하는 방식으로 진행한다고 한다. 여기에는 기본적으로 구성원에 대한 신뢰가 뒷받침되어 있어야 한다.

그리고 신뢰와 책임이 뒷받침되기에 구성원이 하고 있는 모든 업무들이 빠르게 공유되고, 지금 무엇을 하고 있는지, 무슨 고민을 하고 있는지 계속 팀 슬랙 및 노션에 공유되는 분위기가 형성된다. 때문에 이 대표는 개발이면 개발, 기획이면 기획 등 같이 일하는 사람들끼리 다른 팀원이 제대로 일을 하고 있는지 아닌지 알아챌 수 있기 때문에 '자율'을 부여한다고 해서 구성원들이 농땡이를 부리거나 어뷰징을 하지 않을 것을 안다고 밝혔다. 그리고 어뷰징을 하는 구성원을 발견하면, 1차로 동료 간 피어 피드백을 거친 후, 해결이 되지 않을 경우 팀 전체 공유, 다음으로 최종적으로 대표까지 공유되게 되면 이야기를 해보고, 간극을 맞출 수 없는 경우 이별을 택하는 식이다.

이쯤 읽으면, '조직이 수평적이고, 모든 구성원에게 권한과 능력 그리고 자율이 주어졌을 때, 실제로 업무 성과가 있을까? 효율적일까?'하는 생각이 드는 분들도 있으실 것이다.

하지만 이 대표는 "지금 팀처럼 업무에 집중하고 몰입, 헌신하며 멤버 개개인의 성장이 엄청 빠른 팀은 본 적이 없다"라고 말했다. 리더가 믿어주고 권한을 줬기 때문에 구성원들은 더 잘해야겠다는 생각이 크게 자리잡혀 있다고도 덧붙였다. 그리고 리더가 그렇게 신뢰하는 것을 알기에 구성원들이 더 스스로 도전의식을 갖는 것 같다고도 전했다.

그리고 '성과 미팅'도 구성원들이 열심히 일하는 원동력으로 작용한다고 전했다. 다이노즈에서 성과 미팅 때 공통적으로 물어보는 질문은 총 3가지로, '1) 이번 분기에 멤버들에게 도움이 됐던 부분', '2) 나에게 큰 도움을 주었던 멤버', '3) 꼭 팀에 공유하고 싶은 나의 가장 빛나는 성과'이다. 이 3가지를 묻고 답하는 시간인데, 구성원들이 분기별 성과 미팅 때 위 3가지 질문에 대한 답을 준비해가야 한다는 사실을 알기에, 이 자리에서 어떤 이야기를 할지 염두하고 일을 하다보니 더 열심히 일을 찾아서 하는 것도 볼 수 있게 된다고 밝혔다.

특히나 인상적이었던 사례가 있다. 대기업 다닐 때는 신규 프로젝트가 생겼을 때, 아무도 안 가져가려고 하는 분위기였다. 그 일을 가져가면 '내 일'이 되기 때문이다. 그런데 새로운 프로젝트가 생기면 다이노즈의 구성원들은 서로 그 프로젝트를 맡으려고 하며, 동시에 해당 프로젝트는 어떤 구성원이 했을 때 가장 효율적일지에 대해 명확하게 구성원 간 합의가 되면, 가장 그 업무에 최적화된 사람이 바로 해당 업무를 맡는다고 한다. 이 또한 '성과 미팅'에서 하는 필수 질문 3가지에 영향이 있는 것 같다고 밝혔다.

무엇보다도 이 대표는 조직에서 가장 큰 동기부여를 주는 것은 '사랑'이라고 밝혔다. 이 대표는 과거 직장에서 가장 동기부여가 됐던 순간을 떠올려보면, 잘해주고 칭찬해줬던 선배들이 있을 때라고 답했다. 당연히 업무적인 성장도 설레지만, 좋은 선배들을 만나서 함께했던 순간이 따뜻한 기억으로 남아있다는 것이다. 이러한 경험을 바탕으로 리더가 구성원들을 얼마나 아끼고 좋아하는지 알게 되면, 구성원들도 안정감 속에서 더 많은 도전과 책임의식을 가질 수 있을 것이라 생각한다고 덧붙였다.

여기서 중요한 건, 애정과 사랑을 준다고 해서 업무 외에 자주 연락하거나 회식을 가라는 말이 아니다. 이 대표는 '슬랙(업무용 메신저 툴)'으로만 구성원들과 대화를 하고 멤버들 개인 전화번호도 모른다고 한다.

회식을 통한 조직에 대한 끈끈함을 강요하지 않고, 수평적인 조직 내에서 자율성을 충분히 주면서도 구성원들이 책임과 성과를 낼 수 있는 또 하나의 협업 형태. MZ세대와 함께 만들어가는 새로운 시도 중 또 하나의 모습으로 볼 수 있다.

'숏폼퍼스트'
간결하며 효율적인 그들의 소통법

'숏폼 전성시대'. 모바일 영상 플랫폼 틱톡이 쏘아 올린 숏폼은 유튜브 쇼츠, 인스타그램 릴스까지 확장되어 소셜미디어를 이용하던 사람들에게는 너무나 익숙한 포맷이 되어 있다. 전 세계 Z세대가 즐겨본다고 하는 숏폼은 이제 전 연령대로 확장돼 Z세대만의 전유물도 아니다.

ICT 업계에 따르면 국내 쇼츠 일일 평균 조회수는 지난해 대비 90% 늘어, 거의 2배로 수직 상승했으며, 쇼츠를 보기 위해 유튜브에 로그인하는 이용자 수도 1년 사이 40% 이상 늘었다. (2023년 7월 기준)

인사이더의 발표에 따르면 미국 성인(18세 이상) 대상 틱톡, 유튜브, 넷플릭스 일일 시청 시간 조사 결과, 2023년 기준 틱톡은

55.8분, 유튜브는 47.5분, 넷플릭스는 61.8분을 기록했고, 특히 틱톡은 2021년 유튜브를 추월한 이래 셋 중 가장 가파른 성장세를 보이고 있다. 이에 따라 유튜브와 넷플릭스는 틱톡을 가장 큰 경쟁자로 상정하고 있는 상황이다.

'숏폼'이라는 키워드가 대세로 떠오르며, 숏포머블(1분 이내 짧은 영상으로 생생하게 담아내기 좋은 형태), '시성비(시간 대비 성능 효율)'과 같은 신조어도 만들어지고 있는 상황이다.

특히나, Z세대를 기반으로 급성장한 숏폼은 이제 Z세대에게 단순 예능, 유희를 넘어 맛집 정보를 찾고, 사회생활 매너를 배우며, 생활 꿀팁을 얻는 정보의 장으로도 활용되고 있다. 이러한 Z세대에게 숏폼은 여러 옵션 중 하나가 아닌, 정보를 접하고 영상을 볼 때 가장 우선적으로 활용하는 매체이며, 이는 Z세대가 '숏폼퍼스트'에 익숙해지고 있는 상황임을 보여주는 증거이기도 하다. 이때의 '숏폼퍼스트'란 '숏폼의 가치와 속성을 잘 반영하여 숏폼을 최우선으로 적용하고 평가해 콘텐츠를 소비하며 제공한다는 의미' 정도로 정의해볼 수 있을 것이다.

숏폼퍼스트인 Z세대를 필두로 MZ세대가 숏폼에 진심인 이유는 크게 5가지로 정리할 수 있다.

먼저, 콘텐츠의 '가성비'이다. 1분 이내 숏폼 콘텐츠를 통해 간편하고 빠르게 정보를 접할 수 있기 때문이다. 영상이 짧다는 것은 필요한 정보를 빠르게 얻어갈 수 있다는 뜻도 된다. 실제로 정보영상을 만들고, 크리에이터들에게 숏폼에 대해 강의를 할 때에도 부연설명을 제외하고 핵심 위주로 콘텐츠를 만들면 중요한 내용을 모두 담을 수 있다고 이야기한다.

긴 내용의 글 혹은 영상의 경우, 내가 원하던 제목에 꽂혀 클릭을 했는데, 영상 말미 즈음에 원하던 내용이 나오거나 영상을 끝까지 봐도 나오지 않는, 소위 '낚이는' 경우가 많은 반면, 숏폼 영상에서는 1분 내에 핵심 내용을 접할 수 있으니 바쁜 일상 속에서 시간을 효율적으로 활용할 수 있다는 부분이 가장 큰 매력으로 다가온 것이다.

두 번째, 콘텐츠가 다양하다는 것이다. 숏폼의 가장 큰 특징 중 하나는 '알고리즘'이다. 영상을 검색하고 선택할 필요 없이, 손가락 하나로 넘기면 무수히 많은 영상들이 끊임없이 나온다. 콘텐츠 창작자 입장에서도, 롱폼 혹은 미드폼의 영상은 각을 잡고 만들어야 한다는 부담감에 쉽게 도전하지 못하지만, 숏폼은 정해진 형식 없이 자유롭기 때문에 누구나 창작자가 될 수 있어 더 다양한 콘텐츠 창작자들이 새롭게 뛰어들 수 있는 생태계이다. 이와 같이 다양한 주제와 길이의 부담감이 없는 짧은 콘텐츠들이 무수히 있기에 지루하지 않고 흥미로운 영상을 쉽게 찾을 수 있게 된다.

세 번째, '시각적인 매력'이다. 숏폼 영상 포맷은 시각적으로 매력적이며 흥미를 끌기 쉽다. 알고리즘의 선택을 받았을 때, 시청자들이 다음 영상으로 넘기지 않도록 매력적인 영상을 만들어 내야 하기 때문이다. 이처럼 빠른 흥미 유발과 시각적 효과는 특히나 MZ세대의 관심을 끄는 데 큰 역할을 한다.

네 번째, '바이럴 최적화'이다. 소셜미디어가 익숙한 MZ세대는 특히 내가 재밌게 본 콘텐츠, 혹은 의미 있게 본 콘텐츠를 주변 사람들에게 공유하는 데 익숙하다. 숏폼 형태의 콘텐츠는 댓글 태그, DM, 링크 등 다양한 방법으로 지인에게 공유하기 쉽게 돼 있으며, 이와 함께 콘텐츠가 빠르게 전파된다는 특징이 있다. 온라인 소통을 좋아하는 MZ세대에게 바이럴은 하나의 놀이이며, 소통이다. 이와 같은 특징을 통해 소통과 공유가 활발하게 이뤄지고 있다.

다섯 번째, '콘텐츠가 빠르게 소비되어 즉각적인 만족감을 준다는 것'이다. 영상의 길이가 짧기에 이는 긴 시간을 투자하지 않고도 즐거움을 느낄 수 있다는 점에서 큰 매력으로 작용한다.

이러한 숏폼 콘텐츠 형식의 변화는 과거 인증샷이나 영상을 찍을 때 가로(16:9)로 촬영하던 포맷에서 세로(9:16)로 찍는 일상 촬영의 변화부터, 옥외 광고 디스플레이 포맷들이 가로에서 세로로 바뀌는 등 삶의 많은 부분에서 바뀌고 있다. 특히나 짧은 시간 투자 대비 정보와 재미를 얻는 것에 익숙해진 Z세대에게는 업무 환경에서도 작은 성공의 경험들을 쌓아나갈 수 있도록 장치를 마련하여 성취감을 느낄 수 있도록 신경 쓰는 것이 무엇보다 중요하다.

특히나 최근 유행이나 트렌드는 모두 숏폼에서 시작되고 있기에, 마케팅 및 소셜미디어 관리 측면에서 숏폼이 삶인 MZ세대 구성원들에게 아이디어를 얻고 관련 업무를 배치하는 것도 상호 시너지를 낼 수 있는 좋은 방법 중 하나다.

스펙 초격차 시대
: 고스펙 평준화와 스펙 포기 현상

    Z세대 팀원과 커피챗을 하던 중, 깜짝 놀란 사실이 있다. 바로 Z세대의 스펙이 양극화되고 있다는 것이다.

    기업들은 구인난, 취준생들은 취업난을 외치고 있는데, 왜 이 간극이 좁혀지지 않을까에 대해 이야기를 나누던 중 한 Z세대 팀원이 "스펙 경쟁에서 뒤처진 사람은, 아예 스펙 쌓기를 포기하고 일을 하지 않는다"라는 말을 꺼냈다.

    스펙쌓기를 포기하고 일을 하지 않는다는 선택지가 있다는 사실에 나는 깜짝 놀랐는데, 시간당 최저임금이 인상되며 아르바이트로도 일정 생활비를 유지할 수 있기에 취업 대신 '프리터족'을 택하는 청년 취업자가 늘고 있다는 것이다. 프리터족이란 '프리(Free) + 아르바이트(Arbeit)'의 합성어로, 회사 취업처럼 고정적인 일자리 대신 알바로 생계를 유지하는 사람을 뜻한다.

실제로 2023년 8월 통계청에서 발표한 바에 따르면 15~29세 청년 400만 5,000명 중 104만 3,000명은 주 36시간 미만 파트타임 근로자(시간제 근로자)로 일하고 있다. 이는 전체 취업자의 26%로 5명 중 1명꼴이다. 그리고 이는 지난 2022년에 비해 21.8%나 늘어난 수치이다.

일하지 않고 일할 의지도 없는 '니트족' 또한 늘어나고 있는 추세다. 서울시와 서울연구원이 발표한 2022 서울청년패널 기초 분석 결과에 따르면 서울 청년 중 일하는 청년은 65.8%, 청년 4명 중 1명(25.6%)는 일도 하지 않고, 교육 및 훈련을 받지 않는 니트족이었다. 특히나 니트 비율을 연령대별로 보면 19~24세가 33.6%로 가장 높으며, 25~29세가 26.1%에 달한다. 이 책에서 다루는 MZ세대가 과반수 이상을 차지하며, 특히 Z세대의 비율이 높다는 것을 알 수 있다.

왜 스펙 경쟁에서 뒤처진 사람은 아예 스펙 쌓기를 포기하게 되는 걸까. 여기에는 여러 요인이 있을 수 있다. 대부분의 우리나라 청년들이 스펙 첫단추라고 생각하는 '대학 입시', 나아가 대학교 생활 중 다양한 경험을 쌓아나갈 수 있는 동아리, 학회, 공모전, 인턴십 등의 대외활동 그리고 별도의 자격증 시험 등등. 경쟁의 연속으로 느껴지는 상황 속에서 '대학교가 인서울이 아니라서', '공모전 수상을 못해서', '자격증을 따지 못해서' 등 각자가 지니고 있는 고민이 스펙 쌓기를 포기하는 요인이 될 수 있다.

그리고 '아르바이트나 파트타임을 통해서도 충분히 생활비를 충당할 수 있는데, 왜 이름 없는 중소기업에 들어가 고생해야 되나'라는 마인드셋이 '조용한 퇴사', '잦은 이직'으로 이어지는 악순환을 낳는다.

회사를 다니면, 남들이 다 알아주는 대기업에 들어가야 있어 보일 듯하고, 또래의 누군가는 사업으로 월 천만 원을 번다는데, 나는 신입 연봉을 받으며 고생해서 일하는 게 싫다고 느껴질 수 있다. 하지만 제로베이스에서 한순간에 모든 것을 점프해서 성공하는 사람은 없다. 'step by step', 실력은 차근차근 단계별로 쌓아나갈 수 있는 것이고, 실력이 있을 때 비로소 '내 힘'을 얻을 수 있다. 이 기본을 알고 실천해 나가는 Z세대들은 앞으로 더 큰 기회를 얻을 수 있을 것이다.

취업문이 점점 더 좁아지는 현실에서 걱정이 많은 사회 초년생들에게 꼭 해주고 싶은 말이 있다면, 채용하는 회사 입장에서 '대학 간판'을 그렇게 중요하게 보지 않는다는 것이다.

오히려, 어디 대학교를 나왔는지보다도 회사의 가치관과 맞는 인재인지, 본인의 환경에서 최선을 다한 일은 무엇인지, 회사에 입사했을 때 일을 빠르게 배워 적응하고 실무에 뛰어들 수 있는 인재인지를 본다.

때문에 학력보다도 공모전, 대외활동, 인턴십 등 학생의 위치에서 도전할 수 있는 것들을 꾸준히 도전하고 해 온 사람에게 더욱 높은 점수를 준다.

공모전 수상을 받지 않아도 괜찮다. 다만, 여기서 회사가 보고 자하는 것은 무언가를 위해 도전하고 노력한 흔적이 있는 포트폴리오가 있는지이다.

특히나 소셜미디어의 발달로 공모전 수상 등의 스펙이 없어도 디지털 콘텐츠 제작, 소셜 미디어 마케팅 등 MZ세대의 역량을 십분 발휘하며 내 포트폴리오를 내가 만들고 전시할 수 있는 시대가 됐다. 생성형 인공지능의 등장으로, 프롬프트(명령어) 등 기본기를 익히면 디자인, 코딩 등을 구현할 수 있는 툴도 생겼다. 이 시대적 변화와 이점을 잘만 활용하면 충분히 자신을 어필할 수 있는 포트폴리오를 만들어나갈 수 있다.

이렇게 나만의 강점을 발견하고 포트폴리오를 쌓아갈 수만 있어도 '취업 경쟁률'에 매몰되는 유한게임에서 벗어나 '나'라는 사람을 성장시키는 '무한게임'에 집중할 수 있다. 그리고 무한게임을 하는 사람은 어디에서든 환영받을 것이다.

다양하고 유연한 MZ의 직장 경험, 성장 욕구를 만족시키라

'라떼는 말이야'가 더이상 요즘 세대에게 통하지 않는 데에는 여러 이유가 있지만, 가장 큰 이유는 우리는 지금 '평생직장이 사라진 시대'에 살아가고 있다는 것이다.

취업해서 평생직장에 다니는 것만으로도 성공한 삶이라고 인정받았던 과거와는 달리 시장의 불확실성 속에서 IMF, 서브프라임모기지, 코로나19 팬데믹 등 글로벌 경제가 휘청이고 속수무책으로 문을 닫는 등 길거리에 나오는 자영업자, 직장인들을 보며 자란 MZ세대에게, 예전처럼 평생 고용을 기대할 수 없는 상황에서 '나 때는 말이야. 회사에 뼈를 묻을 각오로 일했는데, 너는 왜 그래'라고 말을 할 수 없는 시대이기 때문이다.

때문에 MZ 또한 '직장'보다는 '업(業)'으로서 자신의 커리어를 개발하려 힘쓰고 있다. 회사는 사라질지라도, 내가 업을 통해 쌓은 실력과 커리어는 사라지지 않기 때문이다. 그래서 이제는 '라떼는' 소통법을 버리고 평생 직장이 사라진 이 시대에, 어떻게 하면 MZ세대 직장인들에게 동기를 부여할 수 있을까 집중해야 한다.

MZ세대에게 직장의 개념은 평생직장이 아니기 때문에 더 유연하고 다양한 형태로 변화하고 있다. 이들은 직장을 단순히 수익을 얻는 수단으로만 보지 않고, 다양한 요소들을 고려해 평가하고 선택한다.

MZ세대가 직장을 택할 때 주로 보는 3가지 특징은 다음과 같다.

1. **경제적 안정성** : 세대를 넘어 모든 사람에게 경제적 안정성은 중요한 요소다. 하지만 예전과 같이 일자리의 안정성만이 수익의 한 통로가 아니기 때문에 직장 외에도 창업, 프리랜서, N잡 등 다양한 형태로 수익화를 하는 것에 관심이 많다.
2. **경험과 배움을 얻을 수 있는 기회의 장** : 직장은 Z세대에게 새로운 경험과 학습의 장이다. 자신의 역량을 키우고 더 많은 것을 배울 수 있는 곳으로 인식하기 때문에 학습과 성장을 위한 환경이 잘 마련돼 있는 직장일수록 선호하는 경향이 있다.
3. **유연하고 수평적인 조직** : "까라면 까"라는 말은 이제 옛말이

다. 자율적이고 수평적으로 소통하는 업무 환경에서 창의성과 기량을 펼칠 수 있을 것이라 기대하고, 때문에 수직적인 조직보다는 수평적으로 업무를 할 수 있는 조직을 선호한다.

나 또한 평생직장의 개념이 희미해진 시대를 살고 있는 밀레니얼이지만, 그럼에도 모든 직장에서 '워라밸'이라는 개념 없이 '워워워(Work-Work-Work)'로 몰입하여 일할 수 있었던 것은 회사 업무를 통해 내가 꿈꾸던 기자, 아나운서로서의 삶을 살아가며 자아성취를 할 수 있었기 때문이다. 고착화돼 있는 것을 지양하고 매일매일 성장하고자 하는 '성장욕구'를 지닌 나에게, 매일 각 분야의 전문가를 만나 새로운 지식을 얻는 기자로서의 삶은 성장욕구 또한 충족시켜주었다. 내 가치를 인정해준 회사에서 월급도 받고 하고 싶은 일을 함으로써 자아실현과 성장, 커리어를 함께 쌓을 수 있는 경험은 밤낮없이 일해도 몸이 힘든지도 모르게 즐거운 일이었다.

'업'을 통해 실력을 쌓고, 성장할 수 있다면 누군가 시키지 않아도 일의 주인이 되어 능동적으로 일을 할 것이다. 리더는 MZ세대의 이 힘을 믿고, 그들이 성장하고 기량을 펼칠 수 있는 장을 만드는 데에 힘을 써야 할 때이다.

대표인 나보다, 우리 회사의 꺼지지 않는 등불 역할을 하는 팀원과 첫 인터뷰를 했을 때가 생각난다. 그 팀원은 "콘텐츠에도 관심이 많고, 크리에이터 생태계에도 관심이 많으며, 자기계발에도 관심이 많아 내 관심사를 커리어로 만들어낼 수 있는 놀이터를 찾고 있었는데, 뉴즈는 자신에게 놀이공원을 제공해준 것 같다"고 말했다. 그리고 실제로 그 직원은 모든 기량을 펼칠 수 있는 놀이공원인 뉴즈 안에서 모든 기량을 펼치며 매일매일 성장하고 있다.

평생직장이 사라진 시대. 하지만 그렇기 때문에 직원 한명 한명이 중요하고, 취업을 꿈꾸는 MZ세대가 직장 선택을 하는 데에 더 신중한 때이다. 이제는 '이 직원이 우리 회사에 어떤 가치를 줄 수 있지?'라는 일방향적인 생각에서 나아가 '우리 회사는 이 직원에게 어떤 가치를 줄 수 있지?'도 함께 고려해야 할 때이다. 이 가치가 잡히고 나면, 회사의 핏과 맞는 인재를 찾기 더 수월해질 것이다.

공과 사의 분리
: '조용한 퇴사'

"대표님 '조용한 퇴사'에 대해서 다뤄보고 싶어요"

Z세대 대학생 인턴이 뉴스 콘텐츠 아이템을 들고 왔다.

'조용한 퇴사? 처음 들어보는데 무슨 말이지? 보통 퇴사를 요란하게 하지는 않는데….'

자세히 들어보니 20대 사이에서 유행하는 신조어라고 한다. 조용한 퇴사(조용한 사직)란, '직장을 그만두지는 않지만 정해진 시간과 업무 범위 내에서만 일하고 초과근무를 거부하는 노동 방식'을 뜻하는 신조어로, 미국 20대 엔지니어 자이들 플린이 자신의 틱톡 계정에 올린 영상이 화제가 되며 전 세계로 확산됐다.

실제 퇴사가 아닌 '직장에서 최소한의 일만 하겠다'라는 의미다. 업무 외 시간에는 연락이 두절되는 '고스트족', 취업과 동시에 퇴사를 준비하는 '퇴준생'도 비슷한 신조어들이다.

항상 업무에 몰입하여 커리어를 통한 성장과 자기계발을 동시에 해왔던 나는 이 단어를 듣고 깜짝 놀랐다. '퇴사를 할 거면 바로 퇴사를 하지, 조용한 퇴사는 뭐고 퇴준생은 뭐지? 그리고 취직을 했는데 바로 퇴사 준비를 한다고…? 이건 무슨 말이지.'

머릿속에 당황스러운 물음표들이 떠다니는 가운데, 인턴 친구가 말을 이어갔다.

"대표님, 그런데 저는 단순히 이 용어를 다루고 싶은 게 아니라, 조용한 퇴사를 통해 우리 세대가 잃는 건 없을지, 그 너머의 이야기를 하고 싶어요. 항상 열정적인 대표님의 이야기를 들려주면, 사람들이 다른 선택지에 대해서도 생각을 해볼 수 있을 것 같아서요"

'조용한 퇴사'라는 단어에 적잖은 충격을 받은 상황에서, 오히려 다른 옵션을 보여주고 싶다는 대학생 인턴의 말을 듣자 기특한 마음이 들었다.

'모두가 이를 당연히 생각하는 건 아니구나.'

아나운서, PD, 기자 등 미디어 산업에 있었던 나로서는 사실 '조용한 퇴사'라는 단어 자체가 성립되지 않는 삶을 살았다. 내가 취재하는 분야에서 속보가 나오면 취재하러 가고, 업데이트 소식이 있으면 퇴근길 지하철에서 내려 정거장 벤치에서 기사를 썼던 일이 한두 번이 아니다.

좋은 연사들이 모이는 컨퍼런스가 있을 경우 사비를 내고 해외 출장을 간 적도 있으며, 평일에는 텍스트 기사 작성, 주말에는 영상 인터뷰 편집을 하기도 했다. 그리고 커리어를 통해 나의 기사가 인정을 받으면, 곧 나의 취재력과 가치를 인정받는 것이기에 회사에서 시키지 않은 일도 추가로 하며 더 많은 기회를 얻을 수 있었다.

'내 커리어의 '가치'에 더 초점을 맞췄기에 따로 수당 신청은 안 했었는데, 이를 돌이켜보면 수당과 같은 금액적인 부분들은 내가 초과로 일을 하는 요인으로는 큰 영향을 끼치지 않았던 것 같다.

특히, 연출팀 막내PD로 있을 때는 프로그램과 관련된 모든 스태프와 소통을 담당해야 하기에 업무시간 외 연락두절과 같은 일은 더더욱 있을 수 없는 일이다.

물론, 개중에도 주어진 일, 할 일만 했던 사람들도 더러 봤다. 그들은 조직에서 누구에게도 인정받지 못했다. 그리고 이들의 공통점은 조직에서 인정받지 못하기 때문에, 바깥에서 인정받고자 하는데, 그것도 결코 쉽지 않다. 내실이 없는 사람은 금방 그 실력이 드러나기 마련이기 때문이다. 더구나 그 실력이라는 것은 내가 하는 일에서, 커리어에서 쌓을 수 있음을 간과해서는 안 된다.

일을 잠깐이라도 해본 사회초년생들도 모두 알 거다. 내가 글로 공부하고 배운 것과 실전은 다르다는 것을. 아무리 업무 외 시간에 자기계발 유튜브를 보고, 성장하기 위한 온라인클래스를 듣고, 성공한 사람들의 강연을 따라다닌다고 해도, 본업에서의 내 실력이 받쳐주지 않는 이상 내실을 다지기는 쉽지 않다.

실력은 실무에서 쌓이고, 커리어를 통해 축적된 실력을 기반으로 그 다음 성장이 가능한 것이다. 탄탄한 실력을 받침으로 하는 단단한 반석 위에 돌들을 쌓아야 차곡차곡 쌓이지, 내실이 없는 모래 위에 탑을 쌓는다고 한들, 언제 무너질지 모르는 모래성과 같이 위태롭기만 할 뿐이다.

여기까지 읽으면, 이 사람이 말로만 듣던 '젊은 꼰대'인가 싶을 수 있다. 그런데 나 또한 MZ세대로서 사회 속에서 처절히 느끼고 경험했던 것이기에 더욱 확신 있게 말할 수 있는 것이다.

한때, 언론·미디어의 길을 쭉 걷다 일반 직장 사무직으로 업을 전환했던 적이 있다. 내가 너무 방송 쪽에서만 일을 한 건 아닌가 싶기도 했고, 더 편한 일을 하고 싶기도 했다. 그런데 약 1년 가까이 일했던 그때, 몸은 편했지만 어떠한 보람도 느낄 수 없었다. 하루의 과반 이상을 차지하는 일에서 보람을 느낄 수 없다보니 퇴근 후 영어 회화 모임, 혹은 스피치 재능 기부 등 여가 시간에 소소한 보람을 느낄 수 있을 것이라 생각했던 활동들을 이어갔는데, 사실 그것들은 나에게 위안을 주기 위한 거짓 보람이었음을 지금은 안다.

그때의 난 보람을 느낄 수 없으니, 행복하지 않았다. 그리고 월급을 절반 가까이 적게 주는 라디오 인턴 PD직으로 다시 미디어 산업에 돌아갔는데, 돈은 훨씬 적어도 내가 하고 싶은 일을 할 수 있으니 행복했다. 말 그대로 '살아있다'라는 생각이 들었다. 그리고 나는 미디어 업에서 콘텐츠를 통해 대중에게 말을 거는 일을 해야 행복한 사람이라는 것을 깨달았다.

하루 24시간 중 깨어있는 시간은 평균 16시간. 이 중에서 점심시간을 포함해 9시간, 즉 깨어 있는 시간의 과반 이상을 보내는 직장에서, 유령처럼, 의미 없이 일을 할 때 과연 행복한 삶이라고 할 수 있을까?

직장에서의 행복과 삶의 행복은 반비례가 아닌, 비례 관계이다. 이걸 더 빨리 깨닫지 못한다면, 아무 의미 없이 직장에서 보내는 시간은 허송세월 그 이상, 그 이하도 아니게 될 것이다.

더군다나, MZ직원을 채용했다가 가르치고, 퇴사하는 것이 반복되는 기업들도 지친 상황이라, 이제는 채용 시 대부분의 기업들이 이전 직장 담당자들을 통한 '레퍼런스 체크'를 진행한다. '레퍼런스 체크'란, 이전 직장에서 함께 일했던 상사 및 동료들에게 후보자의 업무 성과나 인성 등에 대해 확인하는 '평판조회'를 의미한다. 때문에, 내가 있는 곳에서의 태도는 결국 나를 비추는 거울이 될 수밖에 없다.

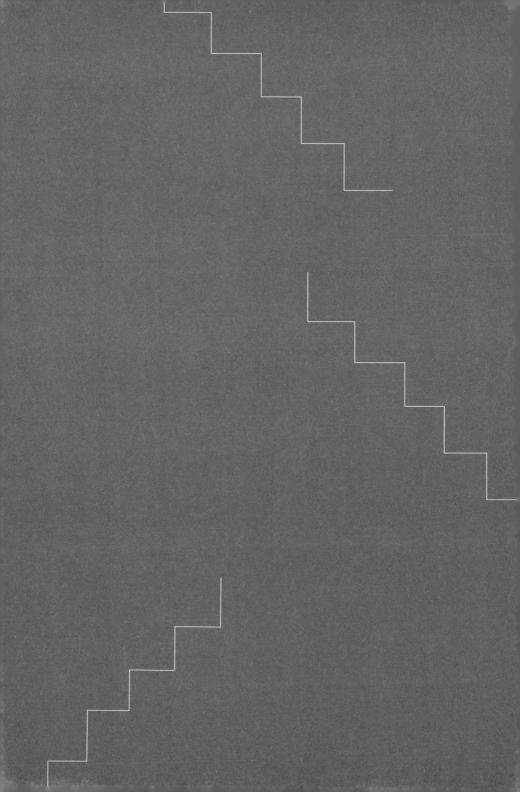

Chapter. 2

MZ세대들과
성과 내며
일하기
–

High Output

'욜로' 아닌 '갓생'에
주목하는 이유

'갓생'. 최근 Z세대 사이에서 가장 뜨겁게 떠오르고 있는 신조
어이다. 신을 뜻하는 갓(God)과 '인생'을 합친 말로 '매일 계획을
세워 성실하게 살아간다', '누구보다도 부지런하고 열심히 사는
인생'을 뜻한다.

몇 년 전까지만 해도 '한 번 사는 인생, 현재를 후회 없이 즐기
자'는 욜로(YOLO)가 유행했던 것으로 기억하는데, 이제는 갓생이
라니, 몇 년 사이 MZ세대의 키워드는 왜 변한 걸까?

갓생은 코로나19 팬데믹을 거치면서 자산 격차가 벌어지고,
언제 다시 직장을 잃을지 모른다는 불안감과 함께 '개인의 삶은
아무도 책임져 주지 않는다'는 위기감에서 파생된 것으로 과거
의 단순 자기계발과는 다소 차이가 있다. '미라클모닝', '오운완

(오늘운동완료)' 챌린지 등이 유행했던 것을 통해 알 수 있듯이 MZ 세대에게 루틴과 리추얼은 하루하루 나의 목표를 완수함으로써 내가 하루를 충실히, 그리고 잘 살아가고 있다는 것을 스스로에게 증명하고 타인에게 보여주기 위함이 크다는 특징이 있다.

실제로 서울연구원이 뉴스와 블로그, SNS 등 모든 콘텐츠에서 '갓생'에 대한 언급량을 측정한 결과, 2020년에 처음 등장한 '갓생'은 1년여 만에 욜로와 플렉스의 언급량을 초월해 2020년에는 27만여 건, 2022년에는 64만여 건이 언급된 것으로 드러났다. 2023년 새해 포털사이트의 갓생 키워드 검색량은 작년 12월 대비 178% 증가한 수치를 보이기도 했다.

욜로에서 갓생 열풍으로의 변화는 MZ세대 소비의 변화로도 이어지고 있다. '현재 자신의 행복을 가장 중시하는' 욜로 열풍이 불 때에는 나를 위해 아낌없이 소비하고 투자를 했다면, 갓생 열풍과 함께 온 소비 문화는 '가실비'이다. 가실비란 가격 대비 실사용 비용으로, 가격이 꽤 있더라도 자주 사용하고 일상에서 충분한 가치를 느끼는 제품을 선호하는 소비 형태를 뜻한다. 만족감이 가격을 넘어설 것으로 예상되면 기꺼이 지갑을 여는 것이다.

그리고 갓생을 키워드로 스마트스토어, 퍼스널브랜딩, 자기계발 등 수익화를 이뤄낸 유튜브 자기계발 크리에이터, 인스타그램 인플루언서의 등장도 MZ세대가 '갓생' 키워드에 관심을 갖게 된 데에 한몫했다.

'현재의 나의 행복'에 전념한 욜로에서 '하루하루를 잘 살아내
자'라는 '갓생'으로 스위칭을 하게 된 사회적 변화는 긍정적인 방
향으로 본다. 벤저민 하디의 《퓨처셀프》에서는 고정 마인드셋을
지양해야 한다고 말하는데, 고정 마인드셋이란 현재의 나에게
지나치게 전념하는 현상을 뜻한다.

고정 마인드셋을 지닌 사람은 지능이나 재능 같은 자신의
기본적 능력이 단순히 고정된 특성이라고 믿고, 지능이나 재
능을 계발하는 일보다는 그 특성을 기록하는 일에 시간을 보
낸다.
고정 마인드셋을 지닌 사람은 미래 자신의 모습을 전혀
상상하지 못한다. 고정 마인드셋을 지닌 사람은 지금의 모
습이 진짜라고 믿는다. 그들에게는 현재의 내가 가장 중요하
다. 그들은 자신의 현재 모습을 변하지 않는 모습으로 규정
해버린다. 변하지 않는 그들은 '이게 나야. 이 모습이 영원한
나의 모습이야'라는 내적 대화를 한다.

(《퓨처셀프》 본문 중에서)

무엇보다 중요한 건, 현재 나의 모든 행동은 '미래의 내가 갚

을 비용' 아니면 '미래의 나에 대한 투자'로 이어진다는 것이다. 소소한 행동 하나하나가 쌓여 미래의 나를 빚더미로 몰 수도, 미래에 내게 풍요로운 삶을 선물할 수도 있다. 이는 본인의 선택이다.

현재의 내가 하루하루 성장하고 발전할 수 있는 힘을 키워내는 '갓생'이 삶에 잘 자리 잡고 나면, 이후에는 오늘 하루를 잘 살아내는 것에서 나아가 미래의 나를 그리고, 성장하고자 하는 생활 트렌드가 오리라 믿어 의심치 않는다.

'갓생'을 실천하는 MZ세대 중에서도 갓생이 '자기 자신에게만 향하는 사람'과 '자신을 넘어 조직과 일에 향하는 사람' 두 부류로 나뉜다. 리더의 입장에서는 후자의 팀원을 잘 가려내는 안목이 필요하다. 운동, 건강 등 자기관리와 자신의 삶을 챙기는 데에서는 갓생을 살지만, 갓생이 개인 한정이고 회사와 조직에서 갓생을 살지 않는다면 의미가 없기 때문이다. 역으로 내가 갓생을 산다고 생각하고 있지만, 그 힘과 원동력이 타인이 아닌, 자신에게만 향해 있다면 진정한 갓생러라고 말할 수 있는지 스스로를 돌아볼 필요가 있다.

워라밸에서
워라블로

"대표님, '워라블'에 대해 다뤄보고 싶어요"

제작팀 Z세대 팀원이 제작 회의 때 입을 열었다.

워라블은 '워크와 라이프의 블렌딩'의 합성어로 '조화로운 삶'
이라는 부분에서는 워라밸(워크와 라이프의 밸런스)와 같지만, 워라
밸이 일과 삶의 경계를 두고 명확히 분리하고자 한다면, 워라블
은 일과 삶의 적절한 조화 속에서 양자가 통합되는 것을 뜻한다
는 데에서 차이가 있다. 한마디로 '덕업일치'와 같이 업무와 삶이
일치하는 것을 뜻한다.

그래서 왜 워라블에 대한 이야기를 콘텐츠로 다루고 싶은지
묻자 "제 주위에서 모두 워라밸, 워라밸 이야기하는데, 이제는
워라블에 주목할 때가 아닌가 싶다. 대표님은 워라블을 진짜로

실천하고 있는 분이기에, 대표님의 이야기를 제 또래 친구들에게도 공유하고 싶다"는 답변을 했다.

이 이야기를 듣고, 이제는 '워라밸' 키워드에서 나아가 '워라블'에 주목하는 추세구나 하는 흐름을 알 수 있었다.

나는 첫 직장생활부터 지금까지 워라블을 몸소 실천해왔는데 처음부터 '워커홀릭이 될 거야!'라는 마음을 가지고 시작한 건 아니었다. 번외로 말하자면, 나는 놀고 여행하고 쉬는 것도 정말 좋아하는 사람이다. 이런 내가 일과 삶을 분리하지 않고 일할 수 있었던 건 진정으로 내가 원하는 일을 하기 때문이었다.

첫 직업인 아나운서, 뉴스리포터를 할 때, 사람들에게 도움이 되는 주제를 정해 취재하고, 내가 한 취재를 통해 열악한 환경이 실제적으로 변화하는 것을 보면서 더욱 '콘텐츠의 파급력'에 대해 알게 되고, 그만큼 더 좋은 언론인이 돼야겠다는 사명감으로 이어졌다.

기자를 할 때에도, 내가 일반적으로는 만날 수 없는 각계의 학자나 뛰어난 전문가, 사업가들을 만나며 배우고 성장하는 경험을 통해 업 자체가 행복과 성취감을 주기에 힘든 줄도 모르고 일을 했다. 그리고 무엇보다 어느 회사에서 일하든, 나라는 사람을 믿고, 내게 기회와 월급을 주는 회사에 대한 '감사함'이 기본적으로 내재돼 있기에 항상 열과 성을 다해 즐겁게 일을 할 수 있었다.

내가 하고 싶은 일을 하는데, 기회도 주고 돈도 준다니, 얼마나 감사한가!

그래서 내 삶이 1%, 일이 99%인 삶을 지속할 때에도 커리어를 성장시키면 시킬수록 나의 성장이 함께 가기에 더 즐거움 마음으로 일을 할 수 있었다.

하지만, 내 주변에서도 회사를 '월급을 주는 곳'으로만 보는 친구나 선배들은 항상 회사를 그만두고 싶다는 말을 입에 달고 살았다. 월급을 주는 곳 그 이상도, 이하도 아니기 때문이다. '회사'는 내가 깨있는 시간의 거의 절반 이상을 보내는 곳이다. 사회생활을 하는 시기를 생각하면, 내 전체 인생에서도 거의 절반 가까이 차지하는 이 긴 시간을, 그냥 돈만 벌기 위해서 보낸다면 얼마나 덧없을까. 하지만, 이 시간이 나의 성장과 기쁨, 성과로 이어지면 상상 이상의 성취감과 행복감을 느낄 수 있게 된다. 그리고, 내가 사회생활을 하며 얻은 진리 중 하나는 본업을 잘하는 사람이 다른 일도 잘한다는 것이다.

본업은 태만하고, 본업에서는 인정받지 못하는데 사이드 프로젝트로 잘되는 경우는 거의 없다. 본업에서 인정받을 때 비로소 커리어, 실력으로 인정받을 수 있고, 이 실력이 기반이 되어 다른 기회가 생기는 것이다. 본업이 아닌 사이드 프로젝트들은 내게 깊은 성취감을 안겨주지 못했다. 본업에서 인정받고 성취감을 얻고, 그 산업에서 실력자로 이름이 알려지게 될 때, 그 짜

릿함은 이루 말할 수 없다.

하지만 이 경험은 '워라밸'만 지키고자 한다면 평생 경험하지 못할 수 있다. 워라밸에 집착하는 순간 퇴근 후의 삶에 지나치게 집중하다 보면 업무에 임하는 시간이 그저 퇴근을 기다리는 시간이 돼버릴 수 있기 때문이다. 이 현상이 심해지면 업무가 끝나지 않았는데도 칼퇴근하고, 업무 외 시간에 연락이 닿지 않는 고스트족, 조용한 퇴사 현상으로 이어지게 된다.

반면, Z세대가 워라블에 주목하는 이유도 내가 워라블을 했던 이유와 같다. '내가 좋아하는 것'이 일이 될 때, 시너지가 배가 되기 때문이다. 특히나 자신의 취향이 뚜렷한 Z세대에게 '일'의 의미와 환경은 무엇보다 중요하다. 워라블을 하게 되면 내가 일의 도구가 되는 게 아니라, 내 일을 찾아서 능동적으로 하는 일의 주인이 될 수 있다. 그리고 회사에서는 워라밸이 아닌 워라블을 라이프스타일로 살아가는 MZ세대에게, 어떻게 이들의 삶과 조화롭게 블렌딩할 수 있는 경험을 일로써 선사할 수 있을지 고민해야 할 때이다.

"당연한 것은 없다" 회사도, 직원도

    카카오톡 업무 단톡방 혹은 슬랙에 팀원들에게 업무지시를 내렸는데, 팀원들이 답변 없이 이모지만 남기는 것을 보고 당황했던 적이 있을 것이다. '체크' 이모지가 아닌, 놀라는 표정 등의 이모지가 남겨져 있는 걸 보면, 이건 알겠다는 말인지 무슨 반응인지 더욱 혼란스러워질 것이다. 상사가 업무지시를 하거나 대화를 마무리 했을 때, 항상 마지막 메시지는 내가 마무리하는 게 기본 예의라고 생각하여 "알겠습니다"로 답했었던 나 또한, 처음에 이모지만 남기는 이 모습을 봤을 때는 '문화충격'을 받기도 했다. 그리고 또 한편으로는, 답변 없이 이모지만 남기는 팀원을 보고 기분이 찝찝할 때 '요즘 애들 사이에서는 이는 괜찮은 건데, 나는 꼰대인가?'라는 생각이 들 수도 있다.

그렇다면, 이 상황에서 업무지시를 전달하고 답변 없이 미지의 이모지만 달려 있어 기분이 찝찝한 리더, 그리고 상사의 업무지시에 답변하지 않고 이모지로 의사를 전달한 팀원, 둘 중에 누가 당연한 걸까?

정답은 '둘 다 당연하지 않다'이다. 다른 시대, 다른 환경에서 성장해 온 MZ세대와 성과를 내며 일을 하기 위해서 가장 먼저 인정해야 할 것은 '회사도, 직원도 당연한 것은 없다'는 것이다. 리더의 입장에서도 '이건 당연히 해야 하는 일이야'라는 생각, 직원도 '이건 당연히 내가 하는 일이 아니야'가 더이상 먹히지 않는 시대이다. 모든 조직에는 각자만의 문화가 있다. 그리고 업종에 따라서 해야 하는 업무들도 다르다. 그런데 이걸 서로 '당연하다'를 전제로 대화하는 순간, 견해 차이의 간극은 좁힐 수 없다. 그렇기 때문에 더더욱 '당연한 것은 없다'라는 생각을 기본으로 두고, MZ 구성원들에게 '일하는 방법'에 대해 알려주고 '대화'를 해야 한다.

10년 가까이 사업을 해온 아마존 시즈닝 카테고리 1위 브랜드 '김치시즈닝'의 운영사 푸드컬처랩 안태양 대표는 처음 필리핀에서 사업을 시작했을 때, 필리핀 직원들과 일하며 특히나 이를 절실히 깨달았다고 말했다. 처음 필리핀 직원들과 일할 때는 '당연히 이 정도는 해야 하는 거 아니야'라는 생각과 함께 직원들이 이해도 안 가고 이로 인해 화가 났던 순간들도 있었다. 안 대표가 살았던 삶에서는 이해할 수 없는 것들 투성이였기 때문이다. 그러다 하루는 친한 필리핀 친구가 "태양아, 네 밑에서 일하고 있는 필리핀 직원들은 한국에 가본 적도 없고, 한국 교육을 받아본 적도 없고, 한국 음식을 먹어본 적도 없다"라는 말을 해주었고, 그때 자신이 생각하던 '상식'에 대해 돌아보는 계기가 됐다고 한다. 동일한 공교육을 받은 것도 아니고, 같은 문화를 경험한 것이 아니기에 '옳다', '그르다'에 대한 상식이 다를 수 있다는 것을 처음으로 깨닫게 됐고, 그 후 한국에 와서 사업을 할 때에도, MZ 직원이 이해가 가지 않는 행동을 했을 때 필리핀에서의 경험을 돌이켜본다고 한다.

안 대표는 MZ 팀원들과 일할 때 서로가 '원래 이래요'라는 말을 하지 않는 것을 원칙으로 삼는다. 회사도 직원에게 '원래 이래요'라고 말하지 않고, 직원 또한 상사에게 '원래 이래요'라고 말을 하지 않는 것이다. 때문에 회사에서 MZ 구성원과 성과를 내며 함께 하기 위해 우선해서 해야 할 것은 먼저 '회사의 규칙'을 정하고, '기분'에 대해 이야기를 하는 게 아니라 규칙을 설명해주는 것이다. MZ라는 문화적 차이, 나이의 차이를 떠나 '일'에 대한 경험치 자체가 많지 않기에 서로가 '당연한 것은 없다'는 것을 전제로 대화를 하고 일하는 방법과 규칙을 알려줘야 한다는 것이다.

예를 들어, 업무지시를 했는데 팀원이 답글 없이 이모지만 남겼을 때의 상황을 가정해보면, "이모지만 남겨서 기분이 나쁘다"라고 기분을 이야기하는 대신 "업무지시 글을 보면, 답글을 써줬으면 좋겠어요. 제가 진행하고 있는 프로젝트가 많아서, 카카오톡, 슬랙 등 정말 많은 메시지가 쌓여있어요. 답을 주지 않으면, 이해를 했다는 건지 알겠다는 건지, 언제까지 하겠다는 건지 확실히 알 수가 없어요. 답변을 주시면 제가 나중에라도 기억할 수 있고, 도와드려야 하는 상황이 생겼을 때 도와드릴 수도 있으니, 우리 회사에서는 꼭 업무지시와 관련해 디브리핑 회신 메시지를 남겨주세요"라고 이야기를 하는 것이다. 이때 '디브리핑'이란 상대방의 이야기를 내가 제대로 이해했는지 점검하기 위해 한번 더 자신의 언어로 이야기하는 것을 말한다.

위 예시에 따르면, 업무지시 및 보고 대화에서 이 회사의 업무규칙은 '디브리핑'을 하는 것이다. 이렇게 회사의 규칙을 만들고, "우리 회사에서는 이렇게 일을 합니다"라고 설명을 해주면 되는 것이다.

업무보고서 또한, 처음에 온 직원에게 업무보고서 기준을 잡고 템플릿을 공유해 주며, 왜 이렇게 써야 하는지 설명을 해주고 "우리 회사는 업무보고서를 이렇게 씁니다"라고 알려줘야 한다. 때문에 안 대표는 MZ 직원과 성과를 내며 일을 하기 위해서는 주기적으로 끊임없이 설명을 해야 한다고 전했다.

"우리는 원래 이래요", "직장생활을 원래 이런 거야"라는 게 합리성을 중요시하는 MZ세대에게 더이상 먹히지 않기 때문에 "우리 회사는 일을 이렇게 합니다", "이게 규칙이에요"라고 합리적으로 설명을 해줘야 하는 것이다. 안 대표는 특히 MZ 직원들은 이성적이고 합리적인 특성을 지니기에, 합리적 근거를 가지고 설득해야 함께 일할 수 있다고 덧붙였다. 예를 들어, 과거에는 학창시절 선생님 혹은 선배들이 "이거 해"라고 시키면 해야만 하는 분위기였지만, MZ세대(특히 Z세대)가 자라온 학창시절은 그렇지 않다. 그리고 이 격차는 알파세대로 갈수록 더 커지고 있다. 애초에 살아오면서 '까라면 까' 분위기에서 성장을 하지 않았기 때문에, 합리적이고 이성적이어야 납득하고, 단순히 고연차나 상사가 내린 업무 명령이라고 해서 당연히 일을 할 수 있는 세대가 아니라는 것이다.

밀레니얼 세대까지야 위에서 일을 내렸을 때 속으로 꿍얼꿍얼하면서도 시킨 업무들을 열심히 하고 동기나 친구들 만나면 '으쌰으쌰'해서 회복하는 분위기였다면, Z세대의 경우 동기와 팀워크를 경험할 수 있는 어린 시절이나 사회생활을 보내지 않았기 때문에 탑다운으로 일을 내린다고 해서 당연히 하던 예전의 분위기와는 사뭇 달라진 것이다. 여기에서 "우리 때는 안 그랬어"라는 말은 공허한 외침이 될 뿐이다.

그리고 안 대표는 리더가 MZ직원들이 인정할 만큼 '실력을 보여주는 것'도 중요하다고 밝혔다. 더이상 '라떼는'이 먹히지 않기에, 납득할만큼의 실력을 보여줘야 한다고 강조했다. 나이가 아닌 '실력'으로 보여줘야 정말 '선배구나'라는 것을 납득한다. 경력이 있고, 나이가 많다고 해서 리스펙트 하지 않는 세대이기 때문이다.

그리고 설득을 할 수 있을만큼, 합리적인 근거를 기반으로 설득하는 작업이 필요하다고도 덧붙였다. 예를 들어, 단순하게 '이거 별로에요. 다시 해오세요'가 아닌, 어떤 부분이 미흡한지, 어떤 부분이 보강되고 개선됐으면 좋겠는지 상대방도 합당하다고 느낄만큼 설명을 해야 한다. 물론, 눈코 뜰 새 없이 바쁜 리더들은 팀원들이 '알잘딱깔센'으로 알아서 하면 좋을 텐데 싶은 생각이 들 때도 있고, 리더로서 계속해서 설명을 해주는 게 힘든 일이지만, 이 작업을 자주, 그리고 끈기있게 해야 MZ직원들과도 함께 성과를 내면서 일할 수 있다.

안 대표는 특히 MZ세대와 X세대가 많이 부딪히는 이유 중 하나가, 기성세대는 '그거 아니야. 하지만, 너 잘못됐어'라고 하면 하고 싶어도 하지 않도록 교육을 받아왔는데, 지금 친구들은 다르기 때문에 '다르다는 것을 우선적으로 인정해야 한다'고 여러 번 강조했다. 이걸 인정하지 않으면 서로 힘들 뿐이다. 서로가 '나는 그렇게 안 자랐다'라고 하면 대화를 진전시킬 수 없고, 상황이 개선될 수 없다. 기본적으로 서로가 살아온 삶이 다르다는 걸 인정하고, 꾸준하게 합리적으로 설득하고, 피드백하는 정성을 들이다 보면, 분명 그 누구보다 성장해 있는 MZ를 볼 수 있을 것이다.

조직문화 세팅이
우선이다

"쓸모없는 도전은 없으니까!"

117만(2024.1.8 기준)만 유튜브 채널을 보유한 과학·공학 콘텐츠 스타트업 '긱블'의 슬로건이다. '퇴사율이 낮은 회사'라고 말한 긱블 이정태 대표는 "쓸모없는 도전은 없다"는 회사의 슬로건 및 긱블의 콘텐츠에 담긴 '도전'이라는 키워드에 감동받아 지원한 분들이 많다며, 메시지에 공감해서 회사를 왔기 때문에 퇴사율이 낮은 것 같다고 입을 열었다.

긱블은 스타트업 붐이 일던 창업 초기부터 '조직문화'를 만드는 데에 집중했다. 5~6명의 규모였을 때부터 타운홀, 비전 데이를 진행했고, 이를 시스템화 했던 이유는 조직의 규모가 커질 때에 대비에서 미리 조직문화로 체화하기 위해서였다.

초기에 이와 같은 시스템이 부재하다가, 갑자기 직원 규모가 40명, 50명 규모로 늘어나면 '이제는 타운홀, 비저너리 미팅을 진행해야 하는데, 어떻게 시작해야 하지?'하고 고민하는 경우가 더러 있다. 하지만 긱블은 처음부터 이를 해왔고, 문화로 체화돼 있기 때문에 조직원의 규모가 늘어날 때에도 쉽게 적응할 수 있었던 것이다. 처음부터 조직문화를 만드는 데에 집중했던 긱블은 '일하는 방법 11가지'를 구축했다. 일하는 방법을 구축하니, 세대·연령과 상관없이 어떤 조직원이든 긱블에 무리 없이 적응할 수 있었다.

〈긱블이 일하는 방법 11가지〉
1. 이끌든지, 따르든지, 비키든지
2. Failure is Default
3. SHARE, SHARE, SHARE
4. DONE is better than Perfect
5. 잡담 is Geek's Favorite
6. 회사가 아닌 자신의 일을 사랑하세요
7. 소통은 수평적으로 업무는 수직적으로
8. 출근은 요란하게 퇴근은 조용하게
9. 원칙이 있기에 유연함이 있어요
10. 말하지 않으면 몰라요

11. 회고 없는 프로젝트는 없어요

긱블은 조직문화를 만드는 것에서 멈추지 않고, 끊임없이 노출하기 위해 일하는 방법들을 최대한 구석구석 노출되게 한다. 일하는 방법 또한 한 번에 다 만들어진 것이 아니라, 실제로 겪어보고 업무를 하다가 팀원들이 일하는 방법, 원하는 방법 등 필요하다고 생각하는 부분들이 있으면 신설하고 그때그때 일하는 방식으로 문화로 정착을 시키는 식이다.

예를 들어, 잡담을 했을 때, 성장했던 경험이 많은 긱블은 '잡담의 경쟁력'이라는 키워드를 잡아, "잡담이 중요하다"라고 일하는 문화에 강조하는 식이다. 그래서 이 대표는 '잡담이 너무 활발해져서 여러분들께 에어팟프로 선물하고 싶어질 정도로, 회사에서 떠드는 게 잘못된 게 아니라는 것'을 강조한다. 이러한 조직문화를 지닌 긱블이기에 회사가 시끄러운 건 당연한 거고, 조용히 일하고 싶은 사람은 노이즈 캔슬링 에어팟을 끼는 문화로 방향이 잡혀있다고 한다.

그리고, 긱블은 '유튜브'를 통해 회사의 모습을 보여주기에, 유튜브를 보는 지원자들 또한 회사 분위기를 미리 알고 오니까, 적응하는 데에 이질감이 덜하다. '나도 이런 분위기의 회사에서 일하고 싶다'고 마음먹고 지원한 지원자들로 이루어져 있어 구성원 대부분 조직문화 만족도가 높은 상태다.

이 대표가 이토록 예민하게 조직문화에 신경쓰는 이유는 선후배 간의 기강이 센 기존 방송국 문화가 항상 불만이었기 때문이다. 경직된 분위기에서 뇌가 얼어있는 게 느껴졌고, 눈치 볼 때 좋은 아이디어가 나오지 않는다는 것을 알기에 내가 일하고 싶은 회사를 만들 수 있도록 자연스럽게 일하는 문화를 만들게 됐다.

구성원 모두가 회사에 열과 성을 다해 일하기 때문에 많은 대표·리더들의 트라우마를 불러일으키는 'MZ오피스 밈'은 긱블에서 트라우마가 아닌 개그 소재다. 이 대표는 "실제로 그런 사람이 있어요?"라며 놀라기도 했다.

긱블에서 조직문화에 가장 많이 시간을 쓰는 것 중 하나가 바로 '성과관리 OKR'이다. 예를 들어, A PD가 어떤 프로젝트를 만들고 싶어하고, 이 프로젝트를 진행하려면 메이커가 필요한데, 메이커에게 이 프로젝트를 하려면 B를 만들어야 한다고 대화를 나눴다 치자. 그런데 매출까지 나면 훨씬 좋은 성과를 낼 수 있게 돼 이 상품에 세일즈도 붙이고 싶어졌다. 그래서 세일즈 매니저에게 찾아가 '다음 분기에 이런 프로젝트를 하려고 하는데, 세일즈 될 것 같아요?'라고 하면 A PD의 프로젝트 팀이 만들어진다. 리더가 위에서 프로젝트 조직을 만들어주거나 TF팀을 만드는 게 아닌, 구성원들 스스로가 내 팀을 만들고 프로젝트를 주도적으로 끌어가는 것이다. 이는 회사에 성과관리 OKR이 잡혀있기 때문이고, 이렇게 주도적으로 하지 않으면 이미 살아남을 수 없는 세상이라는 것을 모든 구성원이 동의하고 있기에 가능한 일이다.

경기침체로 인해 일하는 방식이 능동적이지 않으면 안 되는 세상이 됐고, 가만히 있으면 일이 들어오지 않는다는 것을 모두 알고 있다. 때문에 긱블의 최연소 직원인 03년생 직원도 능동적으로 업무를 하며, 이는 밀레니얼, Z세대 등 세대와 관련이 없다고도 강조했다.

그렇다면 긱블은 언제 OKR을 도입했을까. 긱블은 법인 설립

3~4년 차에 OKR을 시작했고, 위에서 수직적으로 하달하는 탑 다운이 아닌 바텀탑으로, 구성원들이 능동적으로 사고하는 것을 적극 권장한다고 한다. 특히나 대표가 혼자 다 고민하고 나눌 수 없기에 항상 구성원들에게 이렇게 말한다고도 덧붙였다.

"여러분, 긱블에서 포트폴리오를 만들고 제발 이직해주세요. 서로 윈윈합시다!".

'평생직장'이 없어진 세상이기에 개인의 포트폴리오와 커리어가 중요해진 MZ에게, 오히려 우리 회사를 활용해서 일하고, 이 커리어를 통해서 더 좋은 넥스트레벨로 가라는 것이다. 이 대표는 이러한 동기부여와 능동성을 힘껏 강조한다.

그리고 조직원들이 미션과 비전을 알 수 있도록 일하는 방식과 함께 구석구석 눈이 닿는 모든 곳에 붙이는 일도 게을리하지 않는다. 구성원들이 일하다가 기지개를 켜려고 천장을 올려봐도 보일 수 있도록 천장에까지 미션, 비전, 일하는 방식을 붙여놓는다. 말로만 해서는 일하다가 선뜻 까먹게 되기 쉽기 때문이다.

돌이켜보면, 조직문화에 깊은 관심을 가지고 있는 스타트업 사무실을 갈 때마다 회사의 업무 문화, 비전, KPI 등을 포스터, 큰 모니터 화면 등 구성원들이 실시간으로 볼 수 있게 띄워놓는 곳들이 있었는데, 휘발되어 사라지는 말로 비전과 조직문화를 강조하는 것을 넘어 시각적으로 계속 볼 수 있게 하는 게 무엇보다 중요하겠다는 깊은 공감을 했다.

이 대표는 조직문화에 깊은 공감을 하는 사람들이 모였을 때 나오는 힘을 알고 있기에, 공식 홈페이지도 새롭게 리뉴얼했다. 입사하고 싶게 만드는 회사로 만들고자 홈페이지만 봐도 입사했을 때 신뢰할 수 있는 회사라는 것을 보여줄 수 있도록 브랜딩이 잘된 공식 홈페이지를 만들었고, 그 결과 입사 지원자 수가 역대 최고를 찍기도 했다.

끝으로 이 대표는 사람을 뽑을 때 중요하게 보는 것으로 '포텐셜(가능성)'을 꼽았다. 지금 하는 일이 일정 수준에 못 미치더라도 본인이 그려나가고 싶은 본인의 그림이 있는지, 그리고 그 사람이 성장했던 과정 속에서 '뚜렷한 목표'가 있는 사람을 뽑고자 한다고 한다. 지금 당장은 역량이 좋아보여도, 뚜렷한 목표가 없는 사람과 제로베이스여도 무언가를 배워서 무언가를 해내려 하는 그림이 있는 지원자가 있으면 후자를 택해 양성한다고 밝혔다. 본인의 최종 목적지가 확실한 사람들은, 어떻게든 회사를 활용하려고 하고, 그 안에서 성과를 내려고 하기 때문이다.

'라포'를 먼저 형성하라

많은 기업들이 왜 유저 리텐션은 목표로 설정하지만, 팀원 리텐션에 대한 관심은 없을까?

대표들이 회사를 운영하며 가장 힘들어하는 것 중 하나가 '조직관리', 그중에서도 구성원의 리텐션을 높이는 일이다. 주니어를 뽑아서 키웠는데, 어느 정도 자리가 잡혔다 싶으면 이직하고, 구성원이 바뀔 때마다 기존에 업무가 익은 팀원들 대신 새로운 팀원에게 일을 가르치는 데에 또 리소스가 들기 때문이다. 어떻게 하면 조직원들의 리텐션을 높일 수 있을까?

창업 후, 약 2년 가까이 공동창업 멤버 중 한 명도 나가지 않고 그대로 유지되고 있는 스타트업이 있다. 여성 성지식 플랫폼 '자기만의 방' 운영사 '아루(AROOO)'이다. 현재 구성원들의 나이

대가 평균 90~92년생, 많게는 85년생 적게는 97년생의 규모로 이뤄진 아루의 이명진 대표와 김홍실 COO(최고운영책임자)를 만나 그 노하우를 들어보았다.

　먼저 이명진 대표는 '소통', 김홍실 이사는 사람과 사람 사이에 생기는 상호 신뢰관계인 '라포'를 주된 무기로 꼽았다.

　이 대표는 스타트업은 일관성을 가질 수 없기 때문에, 구성원들에게 대표가 왜 일관성을 가질 수 없는지 설명하는 게 중요하다며, 스타트업 업계 자체를 사랑하게 하기 위해 목표가 자주 바뀌거나, 변화로 인해 스트레스를 받을 수밖에 없는 게 스타트업의 매력이고, 이곳은 이런 판이라는 것을 알리기 위해 노력한다고 밝혔다. '목표가 고정되는 건 있을 수 없다'라는 것을 설명하고, 이 산업 안에서 함께 성장하고자 한다는 메시지를 일관되게 전하고자 한다는 것이다. 실제로 C레벨과도 이해가 안 가는 부분이 있을 때마다 부딪히고, 이해가 안 되면 계속 대화하며, 서로 이해가 안 되는 상황에서 넘어가지 않도록 적당히 타협하지 않는다는 것이다. 때문에 많이 이야기를 나누다 보니 조직원들의 생각과 이해도가 점점 같아지게 됐다고 전했다.

　김홍실 이사 또한 구성원들에게 라포 형성을 위해 '상황을 설명하는 노력을 게을리하지 않는다'고 밝혔다. 설명을 꾸준히 할수록 오히려 건강하게 헤어지거나, 인턴으로 잠깐 머문 친구들도 파트너로 소통할 수 있게끔 관계가 유지되기 때문에 서로의 상황에 대해 충분히 이해하고 일관적이게 설명하는 것이 중요하다고 강조했다.

이 대표와 김 이사가 공감하는 것은 '평생직장의 개념이 사라진 현시대에서, Z세대가 우리 회사를 평생직장으로 선택하지 않는다는 사실'이었다. 이 말은 역으로, 이별했다고 해서 다시 볼 일이 없다는 것도 아니다. 회사를 거쳐 가는 사람들이 점점 늘어날수록 지원군을 넓히는 시선으로 볼 수도 있다는 것이다. 특히나 현재 MZ세대가 4차 산업혁명 시대에 직업이 어떻게 구성되는지, 그리고 변해가는 시대에 따른 개인 커리어에 대한 고민도 정말 많다는 것을 알기 때문에 만남이나 이별에 오히려 담담해지는 부분도 있다고 덧붙였다.

김 이사는 특히 구성원들과 '라포를 형성하는 것'에 집중한다. 시시콜콜한 대화를 통해 팀원들이 어떤 취미를 가지고 있는지, 어떤 것을 좋아하는지 파악한 후 이를 챙기는 것인데, 예를 들어 '인적사항'란 한켠에 '좋아하는 케이크'를 적는 란이 있다고 한다. 그리고 생일이나 축하할 일이 있을 때, 해당 직원이 좋아한다고 말했던 케이크를 사주는데, 회사 또한 사람이 하는 일이기 때문에 이렇게 사소하나마 사람으로서의 관심을 주고 작은 라포들을 쌓기 위해 노력한다고 한다. 회사가 나를 소중한 사람이라고 생각할 때 더 오래 다니고 싶은 마음이 들고, 행복했던 작은 기억이 회사에 더 남게 하는 원동력이 되는 건 아닐까 생각한다며,

회사가 잘 나가고 성과를 내는 것도 중요하지만, 회사의 이미지를 결정하는 데 있어서 의미 있는 요소로 생각한다고도 덧붙였다. (전제는 작은 조직에서 더 적용하기 쉬운 방법이라는 것이다.)

그리고 '라포'가 형성되면 업무 성과로도 이어진다. 아루는 조직원들에게 팀 서비스에 대한 설명을 많이 한다. 짧으면 3개월, 길면 3년 이상의 이 시간이 서로에게 의미 있도록 말이다.

그래서 아루는 채용 단계에서부터 '계신 동안 최고의 포트폴리오가 될 수 있도록 하겠다'고 강조한다. 이는 경영진이 대기업 주니어일 때 '회사 이름은 있지만, 여기에서 아무것도 하지 않으면 포트폴리오가 쌓이지 않는다'와 같은 고민을 했기 때문이다. 또한 조직에서 아무도 구성원의 커리어에 관심이 없었고, 이 때문에 도구처럼 느껴질 때가 많았으며, 이와 관련한 설명을 누군가가 해주기를 항상 바랐다고 한다. '네가 하는 일은 의미가 있다'고 말이다. 그래서 주니어일 때의 경험을 바탕으로 구성원들의 포트폴리오에 관심을 갖게 됐다고 한다. 때문에 원온원 미팅을 할 때에도, 이 일이 당신에게 어떻게 도움이 되는지, 그 다음에는 이렇게 갈 수 있고, 그 다음 커리어는 이렇게도 해볼 수 있을 것 같다고 함께 고민해주며, 스타트업에서 쌓는 커리어가 얼마나 의미 있는지, 어떤 임팩트를 낼 수 있는지를 알려줘 구성원들의 불안도를 낮추는 데에 집중한다. 그리고 이런 이야기를 덧붙인다. "우리 모두에게 최악의 상황은, 모두 다 안일해서, '아루'라는 회사가 남지 않는 것이다"라며, 이력서에 없는 회사가 되지 않도록, 구성원으로서, 팀원으로서 개인의 커리어를 위해 열과 성을 다할 수 있게 독려한다는 것이다.

아루 또한 구성원의 특징 중 중요하게 보는 것으로 '그릿 정신', 집념을 꼽았다. 억지로 만들어지는 게 아닌, 자기의 본래 성격상 그릿이 되는 사람. 그리고 그 그릿과 헌신이 개인에 한하는 게 아니라, 조직·비전을 향할 수 있도록 돕는 것도 중요하다고 밝혔다. 자기 발전을 위해 헌신하고, 나아가 팀을 위해서 자신을 내어줄 수 있는 사람인지. 팀원들 하나하나 인간적으로 좋아하는 것과 팀이 하는 사업에 대한 애정, 이 두 가지에 대한 애정과 밸런스가 맞을 때 좋은 구성원으로 볼 수 있다는 것이다.

아울러 대화를 하고 라포를 형성하기 위해서는 조직원과 일단 대화를 가질 수 있는 시간을 많이 만드는 게 중요하다. 아루의 경우 온보딩, 중간평가, 수습 평가를 통해 첫 1~2주는 신입의 온보딩 그리고 대표와의 시간, 담당 C레벨과의 시간을 각각 1~2시간씩 잡아 대화하고, 그 외에는 원래 담당자들과 핏을 맞추는 시간을 갖고 바로 실무를 수행할 수 있도록 돕는다. 원온원 미팅에서 우리는 '이런 인재'가 필요하다는 것을 계속해서 말한다. 회사의 상황과 회사에서 필요한 인재에 대해 이야기를 하다 보면, 회사에 잘 맞는 사람, 인연이 아닌 사람을 더 빠른 시일 내에 가릴 수 있다는 것이다. 대화를 하지 않게 되면, 정말 잘하고 있는 사람인데 오해를 해서 그만큼의 가치를 몰라준다거나 잃을 수도 있기 때문에 더더욱 대화를 하고자 하고, 때문에 초반부터 라포를 쌓는 게 중요하다는 것이다.

그렇다면, 대화를 할 때 좋은 태도는 무엇일까. 아루 경영진은 좋은 말은 다른 사람들이 다 들리게 하고, 잘못했던 것에 대해서는 1:1로 직설적으로 피드백을 준다고 한다. 퍼포먼스 이외의 기를 누르거나 하는 것은 좋지 않다고도 덧붙였다. 만약 대화를 했을 때, 경영진과 너무 다른 이야기를 한다면, 왜 메시지가 전달되지 않았는지도 돌이켜봐야 한다고 밝혔다.

끝으로 밀레니얼 세대인 이 대표와 김 이사는, 최근 MZ세대는 '무조건 하는 것은 없다'며 업무를 부과하거나 공유할 때에, 왜 이 일을 해야 하는지 합리적이고 타당한 이유를 함께 설명해 주는 것이 중요하다고도 덧붙였다.

미닝아웃을 이해하고
성과를 정하라

'돈쭐내다'라는 말을 한 번쯤 들어보셨을 것이다. '돈으로 혼쭐을 내주겠다'라는 말은 어떤 사람이나 기업이 사회적으로 옳은 행동을 하거나, 선한 영향력을 행사했을 때 '착한 소비'로 보답하겠다는 의미로 쓰이는 신조어이다. 기성세대 중에는 누군가 선한 행동을 했을 때 '돈쭐내주자'라고 외치며 그들의 수익 향상을 위해 우르르 달려드는 MZ세대의 모습이 낯설게 느껴질 수도 있다.

이는 MZ세대 대표 키워드 중 하나로 꼽히는 미닝아웃(meaning out)과 연결된다. 미닝아웃은 '신념(mean)'과 '나오다(Coming Out)'의 합성어로 이른 바 '가치 소비'를 뜻한다. 가치 소비란 '나를 드러내는 소비'로, 소비를 나를 드러내는 수단과 사회활동으로 보며, 소비로 신념과 가치를 표현하는 트렌드인 것이다.

그리고 이 MZ세대의 대표적인 미닝아웃 사례로 꼽히는 스타트업이 있다. 바로 MZ세대 타깃 뉴스레터 스타트업 '뉴닉'이다. 뉴닉의 경우 마스코트 고슴이를 통해 그날그날의 이슈를 요약해 독자들과 소통하는 뉴스레터로, 뉴닉이 이슈를 정하는 기준 또한 독자 반응을 바탕으로 체크리스트를 만든 뒤 밀레니얼 세대가 관심 있는 주제로 설정한다.

뉴닉의 고슴이는 아이돌 광고의 성지인 홍대입구역에 팬클럽 광고로 실리기도 했고, 뉴닉의 오랜 팬인 요조가 뉴닉의 가치와 애정을 담은 '2020 뉴닉송'을 함께 만들기도 했다. 독자들이 팬이 되어 구매하고, 홍보하며 자발적으로 '미닝아웃'을 선보이게 하는 뉴닉의 힘은 뭘까? 그리고 이러한 MZ세대의 특징을 지닌 구성원들과 뉴닉은 어떻게 일하고 있을지에 대해 뉴닉 김소연 대표를 직접 만나 이야기를 나눠보았다.

김소연 대표는 먼저, MZ를 타깃으로 서비스를 만든 만큼 미닝아웃을 고려해 처음부터 브랜딩에 크게 신경 썼다고 한다. '밀레니얼이 소비하고 자랑하고 싶은 회사'로 만들고 싶었던 것이다. 그래서 브랜딩적인 요소를 처음부터 고려했고, 덕분에 고슴이는 밀레니얼에게 사랑받는 캐릭터가 될 수 있었다.

김 대표는 MZ세대의 큰 특징 중 하나로 '회사가 어떤 기여를 하는지' 사회적 가치에 공감하는 세대라며, 양적인 성장만 강조하던 베이비붐 세대랑 다르게 MZ세대는 좀 더 의미 있고 질적인 성장을 고민하는 시대에 살고 있어 이런 특징을 가지고 있는 것 같다고 전했다. 예를 들어, 기후위기, 불평등과 같이 모두가 직면하고 있는 사회문제에 큰 관심을 가지고 목소리를 내는 것이다. 뉴닉 또한 사회적 가치에 신경 쓰고 참여하는 움직임을 많이 보이니, 채용 단계에서도 MZ세대 지원자들에게 동기부여로 작용할 때가 많다. 실제로 뉴닉에 모인 팀원들은 뉴닉의 가치관과 비전에 공감하는 팀원들이 많이 있다. 비거니즘을 실천하는 팀원, 환경보호에 관심 있는 팀원, 환경·지구살리기 챌린지 등에 참여하는 팀원도 있다.

뉴닉은 '모두와 함께 뉴닉' 캠페인을 통해 장애인과 함께 뉴닉을 볼 수 있는 서비스 혹은 성소수자 콘텐츠를 만들기도 하는데, 외부에서는 왜 그런 활동까지 하냐고 보는 시선도 있지만, 오히려 이런 활동을 보고 뉴닉에서 일하고 싶은 사람들이 모이고 있다. 이중에는 뉴닉보다 훨씬 더 큰 기업에서 일하며 좋은 대우를 받았지만 이를 포기하고 온 구성원들도 있다.

이들을 움직이게 한 건 '의미'와 '가치'이다. 가치는 조직문화와 연결되고 처우나 다른 조건들보다 조직문화를 중요하게 생각하고 공감해서 모이는 사람들로 구성원들이 이뤄질 수 있는 것이다.

김 대표는 지금과 같은 불경기 시대에 대기업, 스타트업을 막론하고 옛날처럼 돈을 많이 줄 수 있는 시대도 아니고, 또 무조건 급여만 따지는 세대도 아니기 때문에 오히려 가치와 의미에

투자한다고 강조했다.

그리고 이들과 함께 잘 일하는 방법으로는 이들의 '개인적인 바운더리'를 지켜주는 것을 꼽았다. 예를 들어, 옛날에는 당연히 사무실로 출근해 다같이 밥을 먹는 분위기였다면, 유연한 근무 체계를 도입해 최상의 컨디션으로 업무에 몰입할 수 있도록 돕는 것이다. 다만, 이는 구성원을 전적으로 믿고 그들에게 책임을 맡긴다는 전제 하에 가능하다.

때로는 이렇게 자율과 책임을 맡긴 상태에서도 김 대표도 사람인지라 '나만 사무실에 나오는 것 같네'라는 마음이 들 때면 목구멍에 걸린 '라떼는'은 참고, 느끼는 생각과 감정은 솔직하게 소통하려고 한다. 예를 들어, "회사의 방향성에 대해 이야기를 할 때는 주제 상 온라인보다는 얼굴을 보고 대화하고 싶어요"라고 말하는 식이다.

리더와 구성원 모두 솔직하게 소통할 수 있는 환경을 조성할 필요가 있다. 예를 들어, 재택을 하고 싶다는 직원에게 '안돼요' 보다는, 왜 재택을 하고 싶은지 이유를 들어보는 것이다.

이렇게 솔직하게 대화할 수 있는 환경이 조성되면, "어제 야근을 해서 오늘은 출퇴근을 하며 지친 상태로 회사에 와 일을 하는 것보다는, 컨디션을 회복하고 참여하고 싶어 재택을 원합니다"

라는 이유와 근거를 들을 수 있다.

이 대화의 과정에서 무엇보다 중요한 건 '질문'이다. '왜 비대면 근무를 하고 싶은지' 묻고, 그 말에 책임을 부여해야 한다. 구성원의 말을 믿어주고, 그말을 지키지 못하면 "일을 잘하고 싶어서 비대면 한다고 했던 것 아닌가요? 그런데 왜 잘 안 됐을까요?"와 같이 질문을 던져 구성원 스스로가 자신의 선택과 말, 행동에 책임질 수 있게 하는 것이다. 스스로 생각을 하게끔 하려면 '질문을 잘 던지는 것'도 중요하다.

김 대표는 평가할 때 솔루션을 위에서 아래로 내리는 게 아닌, 본인이 책임질 수 있도록 솔루션을 스스로 꺼내게 하는 게 MZ세대와 협력하며 일할 수 있는 방법으로 꼽았다.

덧붙여 '기대를 낮출 필요도 있다'고 강조했다. 옛날처럼 평생직장이 사라진 이 시대에, 이 회사에서 일을 할 수 있다는 생각으로 근무해 왔던 기성세대와는 환경이 다르기 때문이다. 때문에 '라떼 마인드'에서 벗어나 그 기대를 낮추는 걸 기반으로 MZ 구성원들이 여기에서 얻어갈 수 있는 것에 대해서 그들의 관점에서 이야기하고, 설득하며 대화할 필요가 있다고 강조했다. 정리하자면, 회사의 비전과 가치관 서비스와 행보가 MZ세대에게 공감될 수 있어야 하며, 좋은 질문을 통해 구성원들이 스스로 답을 내리고 책임감을 지닐 수 있도록 도울 때, MZ 팀원과 더 큰 시너지를 낼 수 있다는 것이다.

회사 프로젝트 성공이
나의 '포트폴리오' 성공이 된다

'포트폴리오 세대'. Z세대를 표현하는 또 다른 신조어이다.

한 직장에 머물며 승진을 하여 커리어를 키우는 수직적 성장이 아닌, 이직을 통해 여러 회사를 경험하며 수평적 성장으로 커리어 포트폴리오를 확장하는 Z세대의 특징을 다룬 것이다.

평생 직장은 없다. 그리고 앞으로도 이 개념은 더더욱 옅어질 것이다.

하지만 한 직장에 오래 머물지 않는다는 것일 뿐, 여기에서 많은 사람들이 놓치는 게 있다. 회사의 성장은 나의 성장과 관련이 없다고, 회사와 나를 분리하여 생각하는 것이다.

누군가 내게 성공적인 포트폴리오를 물을 때, 나는 '기자 시절, 글로벌 web3 연사들을 단독으로 인터뷰해서 워싱턴포스트에서 내 기사를 인용한 것', '테크크런치 공동창업자 마이클애링턴을 단독으로 인터뷰해 해외 외신에서도 영어로 내 이름과 함께 내 기사를 인용해 간 것', 그리고 이를 통해 업계에서 '최고의 기자상'을 받은 것을 꼽는다.

이 모든 것은 내가 일을 하며 얻은 경험이고, 나의 성공 포트폴리오다. 물론 공모전, 대외활동 등에서도 상을 받을 수 있으나, 이는 직장생활에서의 내 실력을 증명하는 포트폴리오들은 아니다.

인턴 면접을 할 때, 대학생들이 꼭 하는 말이 있다.

"여러 대외활동을 통해 경험을 쌓고 동아리, 학회를 통해 마케팅을 해봤지만, 실무를 해본 적은 없어서 꼭 배우며 실제로 일을 하면서 경험을 쌓고 싶어요"

내가 개인적으로 진행한 프로젝트는 실무에 적용되지 않는 이상, 혹은 엄청나게 크게 성공하지 않는 이상 사람들로부터 인정받기 쉽지 않다. 하지만 회사에서는 다른 동료들과 회사의 자원을 통해, 회사가 지닌 관계사, 고객사들과 함께 훨씬 쉽게 포트폴리오를 만들 수 있다. 그리고 일을 잘하는 직원들에게는 더 중요한 프로젝트에 참여할 수 있는 기회가 많아진다.

내가 기자 시절 1년에 4~5번씩 해외 출장을 다니며 취재를 해왔던 것에 마냥 부러워하는 사람들이 있었다. 동료들에 의하면, '왜 가현 기자만 출장을 가지?'라고 보는 외부 시선들도 더러 있었다고 한다.

그런데, 나는 국내에서 만났던 글로벌 연사들과의 인터뷰를 통해 한번 인연을 맺으면 지속적으로 연락을 주고받았고, 해당 회사들이 글로벌 컨퍼런스를 열 때 홍보팀에서 나를 초청했기 때문에 갈 수 있었다. 나를 특정하여 초대했는데, 다른 사람이 가는 것은 말이 안 되지 않는가.

하지만, 이 또한 내가 마냥 운이 좋아 얻게 된 기회들은 아니다. 이면에는 엄청난 노력들이 있었다. 글로벌 연사들이 방한을 했을 때 어떤 컨퍼런스와 밋업에 참석하는지 파악하고 근무시간, 근무 요일을 가리지 않고 눈도장을 찍으며 인터뷰 요청을 했기에 단독 성사가 가능했던 것이다.

그리고 기회가 왔을 때 나를 믿고 지지해준 회사가 있었기에 가능했다. 이 경험을 통해 나는 나의 성장과 회사의 성장이 같이 가는 값진 경험을 할 수 있었다.

개인의 성장과 회사의 성장은 같이 간다. 회사가 성장하면, 성장하는 회사의 일원으로서 나의 가치도 올라가고, 내가 업무를 통해 성장을 하면, 나의 성장과 더불어 회사가 성장하는 선순환 구조이다.

회사는 개개인들의 총합체이기 때문에, 개개인이 성장하지 않는데, 회사만 성장할 수는 없다. 만약 개인의 성장이 없는데 회사가 성장을 한다면, 총량불변의 법칙처럼 누군가는 그 몫만큼 갈아 넣고 있는 것이다.

운이 좋게 나의 노력과 관계없이 그전에 일했던 회사들이 점점 커져서, 나의 이력서가 화려해질 수는 있어도, 심층면접을 하게 되면 어떤 프로젝트를 담당했는지, 레퍼런스 체크에서 어떤 사람이었는지 등을 너무나 쉽게 알 수 있는 세상이 됐다.

이에 대해 회사에서도 MZ세대의 '커리어 포트폴리오'에 함께 관심을 가지고, 회사에서의 성공이 또 개인에게는 성공적인 포트폴리오가 될 수 있음을 인지시킨다면 구성원들과 시너지를 내며 성장할 수 있을 것이다.

능동적인 협업은
명확한 목표 설정에 달려 있다

뉴즈와 함께 '마루의 꺼지지 않는 등대'라는 별명을 지닌 스타트업이 있다. 사람들의 수면 문제를 해결하기 위한 디지털 수면솔루션 스타트업 '무니스'이다. '마루의 꺼지지 않는 등대'라는 별명은 평균 퇴근 시간이 새벽 1시에 달하는 무니스 팀원들의 열정을 나타내는 말인데, 같은 층을 쓰는 마루 입주민 동료로서 새벽 1시에 퇴근하는데도 항상 웃음이 끊이지 않는 무니스의 열정과 에너지의 근원이 항상 궁금했다.

무니스 권서현 대표는 구성원들과 함께 능동적이고 창의적으로 일하는 방법에 대해 크게 두 가지를 꼽았다. 바로 '뚜렷한 목표'와 '자유와 책임(F&R,Freedom & Reponsibility)'이다.

먼저, '목표가 뚜렷'해야 구성원들이 능동적이고 창의적이게 일할 수 있다. 예를 들어, 무니스의 경우 '앱 구독자수'라는 공통 목표를 지니고 있는데, 매달 정확한 끝자리 수까지 목표가 정해져 있다. 그리고 이 목표가 팀원들의 책상 곳곳에 목표를 적은 포스트잇이 붙여져 있어 구성원들 모두 항상 목표를 인지하고, 이를 향해 달려갈 수 있는 분위기가 자연스레 형성돼 있다.

처음 도전하는 일임에도, 이 과정에서 구성원들이 길을 잃지 않을 수 있는 이유는 '목표'가 확실하기 때문이다.

"목표가 확실하면 길을 잃지 않는다"라는 말에 개인적으로 큰 공감을 했던 것은, 산티아고 순례길을 걸을 때 익히 깨달은 바 있다. 순례길을 걷다 보면, 한 마을에서 다음 마을로 이동할 때 모두가 정해진 하나의 길만을 걷지는 않는다. 보통 다음 목적지로 가는 길은 최소 2~3개가 있는데, 이 중에서 가장 짧은 길, 빨리 가는 길을 선택할 거라는 편견과는 다르게 많은 순례자들이 최단거리의 길만을 선택하지는 않는다. 나 또한 마찬가지였다. 일반적으로 빠른 길은 '도로 길'이고, 마을과 마을 사이에 다양한 풍경을 볼 수 있는 길은 우회로로 돼 있다. 빠른 길이 있음에도 다른 길을 선택하는 이유는, 우회하더라도 도로 길에서는 볼 수 없는 풍부한 풍경을 접할 수 있기 때문이다. 그래서 컨디션에 따라, 빨리 갈 수 있는 도로 길을 택할 때도, 조금 더 여유롭게 사람들이 사는 풍경,

말과 양이 지나가는 모습 등을 볼 수 있는 우회로 등을 택해 걸었었는데, 한 번은 지도에 없는 새로운 길을 가보려다가 길을 잃었던 적이 있다. 다행히 목적지와 그 목적지에 맞는 방향을 알고 있었기에, 다시 왔던 길을 되돌아가서 길을 이어갈 수 있었는데, '명확한 목적지'가 없었다면 자칫 미아가 될 수도 있었겠다는 생각이 들었다. 동시에, 목표와 목적지가 확실하다면, 이를 향해 나아가는 길은 빨리 가도, 천천히 가도 충분히 의미가 있다는 것 또한 깨달았다. 각자의 경험을 통해 배울 수 있는 경험치가 다르기 때문이고, 결국은 다소 시간이 차이가 나더라도 목적지에 도달하기 때문이다.

그리고 권 대표는 MZ세대가 주로 분포돼 있는 주니어들에게는 "탑 투 바텀(Top to bottom)"으로 목표를 공유하는 것을 강조하기도 했다. 권 대표의 경우 목표를 정리해서 '이렇게 해야 된다'라고 팀원들에게 목표를 공유하는데, 주어진 시간과 자원, 예산으로 나올 수 있는 목표치를 '보수적 / 중간 / 낙관적' 세 단계로 구분해 나올 수 있는 목표를 정리해서 알려주는 식이다. 이렇게 목표를 정리해서 공유할 경우 각자의 역할에서 그 목표를 달성하기 위해서 1%라도 개선할 점이 생기기 마련이다.

다만, 탑 투 바텀으로 달성 목표를 공유할 때 어떤 추정을 통해 해당 목표가 나왔는지 논리적으로 함께 설득해야 한다는 것 또한 강조했다. 목표는 논리적으로 세우고 팀에 명확하게 전달하는 것이 중요하며, 무니스의 경우 달성 목표를 공유할 때 이 목표 추정치가 담겨 있는 엑셀도 함께 공유해 타당성과 합리성을 구성원들에게 이해시킨다고 한다.

두 번째, '자율과 책임(F&R, Freedom & Responsibility)'. 자율을 주는 만큼 책임도 따른다는 개념으로, 넷플릭스의 조직문화를 담은 책 《규칙없음》에서도 크게 강조된 바 있다. 전통적인 기업 문화가 '규정과 절차(R&R, Rules and Process)'에 기반한다면, F&R은 팀원들의 능동성과 창의성을 높일 수 있다는 강점이 있다.

권 대표는 F&R을 강조하며, 팀원들이 핵심 목표(구독자)라는 결과를 만들어낸다는 목표 하에, 시도하는 모든 과정에 대해서는 무엇이든 도전할 수 있게 신경 쓰지 않고 터치하지 않도록 노력한다고 밝혔다.

다만, 목표했던 결과가 나오지 않아 팀원들이 위축되지 않도록, 시도하는 것 자체가 두려워지지 않도록 신경을 쓰는 것도 중요하다. 때문에 무니스는 "실패를 많이 해라"라는 말을 많이 한다. "실패를 많이 해라, 그게 팀에도 좋고, 너한테도 좋다"라는 이야기와 함께. 이를 통해 오히려 실패를 많이 할 수 있도록 모든 시도와 도전을 환영하는 분위기를 만들고, 실패를 반기는 문화를 조성하는 것이 핵심이다.

다만, 달성이 안 됐을 때는 왜 안 됐는지를 팀 구성원들이 스스로 분석하고 개선책을 찾도록 책임감을 부여해야 한다. 이 레슨런을 통해 '우리는 이런 것을 배웠으니 다음에는 실수하지 않도록 하자'라는 마인드셋을 기반으로 다음 플랜(계획)을 세울 수 있도록 말이다.

마지막으로, 구성원들이 능동적이고 창의적이게 일할 수 있는 업무환경 중 또 하나의 중요한 점은 '일이 재밌어야 한다는 것'이다. 일이 재밌어서 노는 것처럼 느껴지면, 일과 휴식의 경계선이 불분명해지는 경험도 할 수 있다. '요새 MZ는 어떻다더라'가 아닌, 함께 즐겁게, 일을 즐기면서 할 수 있는 사람을 찾는 게 결국 리더의 역할이다. 나이·세대와 관계없이, 휴식과 일의 경계선이 불분명하고, 일을 통해 자아실현을 하는 사람들은 존재한다. 이런 특징을 지닌 MZ를 뽑는 게 중요하고, 채용 단계에서 신경을 쓰면 이런 사람들이 모여, 회사의 문화가 만들어지고, 실현되고, 점점 더 이 회사와 핏이 맞는 사람들이 모일 수 있게 된다.

또한 일을 재밌게 하는 데 있어서 중요한 것이 '의사결정'의 자율성인데, 무니스의 경우 인턴에게도 중요한 의사결정을 맡긴다. 본인이 책임을 다하고 성과를 내는 과정에서 즐거움을 느끼다보면, 결과적으로 그 일을 잘하는 사람이 생기게 되고, 이렇게 인재를 개발할 수 있는 것이다. 결론적으로는 일을 재밌어해야 하는 것이 핵심이다. 그리고 자신의 일, 자신의 업에 대한 '책임감'을 스스로 느끼게 하는 게 중요하다. 때문에 새벽 1~2시에도 무니스의 슬랙에는 계속 알람이 울린다. 본인이 생각했을 때 해야 한다고 생각하면 바로바로 생각났을 때 공유하고, 그런 책임감이 결과까지 이어지는 것이다.

여기에서 주목해야 할 부분은 '인재밀도'이다. 《규칙없음》에서는 넷플릭스의 성공 비결을 말할 때 '인재밀도를 높여라'라고 강조하는데, 인재 밀도란 조직에 유능한 인재가 모여있는 정도를 뜻한다. 실제로 2001년 회사의 재무상황 때문에 큰 위기를 겪었던 넷플릭스는 직원의 3분의 1 가량을 해고해야 했던 경험이 있다. 그런데 오히려 해고 이후 남아있는 직원들의 사기가 높아지고 더 성공적인 성과를 창출한다는 사실을 발견했다. 그리고 이를 통해, 사람은 인재 밀도가 높은 환경에서 실력을 제대로 발휘한다는 것을 발견했다고 강조한다.

아마 이 책을 읽는 분들도, 업무 분위기가 굉장히 중요하다는 사실에 공감할 것이다. 모두가 으쌰으쌰 하는 분위기였다가도, 한 명이 업무를 설렁설렁 하게 되면 이 분위기가 전염되고, '중간만 가자'라는 마인드의 중간 레벨인 사람 한 명만 들어와도, 열심히 일하며 하이 퍼포먼스를 내던 팀원들의 성과도 중간으로 수렴하게 되는 것을 심심치 않게 볼 수 있다. 때문에 코어한 인재밀도를 높이는 데 투자하는 것이 가장 중요한 점으로 꼽힌다. 만약 일하는 게 정말 재밌고, 성장의 가치와 즐거움을 소중히 여기는 인재들로 모여있는 회사라면? 같은 성향의 사람들이 모이고, 다른 성향의 사람은 빠르게 솎아질 수 있을 것이다.

물론 이 과정에서는 조직문화, 회사의 코어 밸류와 맞지 않는 사람을 빠르게 정리하는 것도 중요하다. 기자 시절 만난, 4천억 기업 가치의 회사를 만들어 낸 A 의장은 스타트업에서 가장 중요한 것으로 '인사'를 꼽았다. 이는 좋은 사람을 잘 뽑아야 한다는 의미도 있지만, 일을 못하는 사람을 빠르게 내보내야 한다는 의미도 있다며, 구성원들을 힘들게 하는 팀원을 발견했을 때 빠르게 정리하는 것이 중요하다고 강조했다. 일을 못하는 팀원이 있을 경우, 그 사람의 일이 일을 잘하는 팀원에게 넘어가고, 그러면 일을 잘하는 팀원이 여러 업무를 맡게 돼 지칠 수 있다며, 일을 잘하는 구성원들을 지키기 위해서라도 단호하게 결단을 내려야한다는 것이다.

하지만, 대표나 리더도 사람이기에 누구나 이별을 말하는 것은 쉽지 않다. 이러한 대표의 성향을 잘 아는 한 VC 투자사 대표는

"일찍 헤어지면 아쉬움이 남지만, 늦게 헤어지면 후회밖에 안남는다. 이별은 빠를수록 좋다"는 말을 하기도 했다. 물론, 이별하고 정리하며, 내보내면 아쉬울 수는 있지만, 계속 데리고 있으면 그만큼 후회가 늘어나는 것이기 때문이다. 그리고 업무를 할 때 혹시나 힘들게 하는 사람은 없는지, 구성원들과 꾸준한 소통으로 업무 분위기를 파악하는 것도 중요하다. 팀이나 회사에 대한 불만, 어려운 점은 없는지 듣는 자세를 취하고, '이 사람은 구성원들에게 피해를 준다'하는 사람은 빠르게 결단을 내릴 필요도 있다. 정해진 시간 안에 정해진 결과를 내는 게 팀의 역할이고 회사의 기본이기 때문이다. 내보내도 아쉽지 않을 것 같은 사람이 있다면, 이별하는 것이 서로에게 정답이 될 수 있다.

성과주의?
: 인센티브보다 '의미'가 먼저다

'MZ 팀원들 능률을 끌어올리려면 인센티브를 줘야 하나?'

MZ세대들의 능동성, 일의 능률을 끌어올리려면 인센티브 전략으로 가야 하는 건지에 대해 많은 대표들이 고민을 한다. 오죽하면 대표들이 일의 능률을 끌어올리기 위해 매출과 관계없는 직군까지 인센제 도입을 고민할까.

리더십 계발 전문회사 GURU People's ㈜아그막의 대표이자 《리더십 문을 열다》의 저자인 이창준 박사는 인센티브를 도입하면 구성원들의 열정이 뜨거워지는 게 아니라 오히려 차가워진다고 전했다. 인센티브와 보상을 주는 것보다 '그 일'에 대한 의미와 재미를 느낄 때 제대로 동기를 높일 수 있다는 것이다. 이는 '외재적 동기'와 '내재적 동기'의 차이에서 비롯된다.

'외재적 동기'란, 외부에서 비롯되는 동기로, 과제 수행의 결과가 가져다줄 보상이나 벌에서 비롯된 동기를 말한다. 상벌, 경쟁심 등에서 유발되기에 단기적 효과를 지닌다. 내재적 동기는 활동의 원인이 본인 내부에서 비롯되는 동기를 뜻한다. 행동 자체를 수행하는 것이 목적이고, 과제 수행의 활동 그 자체가 보상인 동기로, 흥미, 호기심, 성취감, 만족감 등에서 유발되기에 장기적 효과를 지닌다. 때문에 인센티브(외재적 동기)로 움직이는 조직이 되면 내재적 동기를 파괴하게 되기에 장기적으로는 오히려 역효과가 날 수 있다.

창업한 지 10년이 넘어가는 서울시스터즈 '푸드컬쳐랩' 안태양 대표는 "인센티브로 가면, 10년 후에도 인센으로 가야한다. 계속 인센으로 가야 한다"라며 "계속 인센티브제로 가면, 회사 입장에서는 어느 순간 지출이 넘치는 때가 온다. 이때 인센티브제를 없애고, 연봉제로 갈 거라고 하면 인센에 매료돼있던 팀원들의 사기가 저하돼서 회사를 그만두게 되는 상황이 생길 수 있다"고 설명했다.

그리고 구성원들이 인센티브 제도에 익숙해지면 인센티브에 몰입하다 보니, 오히려 구성원 간 화합이 안 되는 역효과가 날 수 있다고도 덧붙였다. 예를 들어, 동료가 도와달라고 할 때에도, 나의 인센과 관련이 없기에 다른 팀원을 돕는 일을 하지 않게 될 수 있다는 것이다. 하지만, 회사는 절대 혼자서 갈 수 있는 곳이 아니다, 팀원들을 함께 도와야 하는데, 인센티브에 몰입하는 조직이 될 경우 팀워크가 안 생길 수 있다. 또한 굉장히 신중해야 한다. 밸런스를 잘 잡지 않으면, 일하면서도 이해가 안 갈 때가 있다. 결국은 본질로 돌아가서, 첫 시작이 뭐였는지를 봐야 한다. '인센 구조로 가서 팀워크가 없냐, 본인밖에 모르고 인센만 좇아가냐.' 이런 관점으로 보면 이 또한 문제 해결이 안 된다.

또한, 많은 대표들이 인센티브 제도를 도입하려고 할 때, 매출을 내는 조직은 KPI가 명확한데, 그 외에 개발, 창작을 하는 부서, 나아가 회사의 매출/서비스 제작과는 관계없는 백오피스 부서는 어떻게 인센티브를 줘야 할지부터 골머리를 앓는다.

그러면, 어떻게 해야 MZ세대 구성원들이 능동적으로 일하는 문화를 만들 수 있을까. 이창준 박사는 "보상이라는 것은 만족이 없다. 외재적 보상은 불만족을 없애는 요인이지, 만족을 높이는 요인이라고 보지 않는다"라며, 구성원들이 일의 가치나 의미를 공감할 수 있도록 하는 데에 집중해야 하며, 그 방법의 일환으로 'MAGIC'을 강조했다. 이때의 'MAGIC'은 'M(Meaning, 의미) / A(autonomy, 자율권) / G(Growth, 성장) / I(Impact, 임팩트) / C(Connection, 연결)'의 약자이다.

그는 구성원들이 **의미**에 공감하고, **자율권**을 가졌을 때 동기가 높다고 설명했다. '이거 어떻게 해야 돼요?'라고 상사에게 물어서 일을 하면, 의미를 느끼기도 어렵고 높은 동기를 얻기도 어렵다는 것이다. 조직원 스스로가 시간을 선택할 수 있고, 의사결정도 판단해서 할 수 있게 해야 한다. 리더가 시켜서 일을 했을 때 잘못되면 스스로의 탓으로 돌리지 않고 리더에게 책임의 화살을 돌리게 되기 쉽기 때문이다. 따라서 스스로 책임감을 지니고 업무를 할 수 있도록 구성원에게 결정권을 주는 게 중요하다고 한다.

나아가 '**성장**'의 경험도 중요하다. 일을 줄 때도, '이거 하세요'가 아니라, 그 일이 커리어의 성장에 어떤 관련이 있는지 설명하고, 스스로 성장하는 것을 발견하며, 무엇을 배웠는지, 그 일을 통해 어떤 러닝 포인트가 있었는지를 알고, 학습 경험을 쌓을 수 있도록 신경쓰는 것도 중요하다. 똑같은 업무도 다른 각도로 해보거나, 안 해봤던 방식으로 실험해 보는 등 다양한 경험을 통해 학습, 성장의 경험치를 쌓는 것이다.

이어, 내가 한 일을 통해 조직에서 실제적인 변화를 일으키는 것을 봤을 때, 가시적인 결과물을 만들었을 때 등 본인이 한 일의 가치가 높아지기 때문에 스스로 어떠한 **임팩트**를 만들어내며 변화를 일으키는 경험을 하게 되면 엄청난 보람을 느낄 수 있다. 그리고, 누군가 어떤 일을 했을 때 달라진 임팩트를 본다면, 결과를 잘 추적했다가 주변 사람들이 이런 평가를 했다, 덕분에 이런 부분이 달라졌다와 같은 피드백을 주면 구성원의 동기를 더 높일 수 있다고도 설명했다.

마지막으로 **연결**(Connection)은 '혼자서 일하는 것'이 아니라 '우린 같은 팀이다'라는 연결성을 느끼게 해주는 것이다. 나 혼자서 일하고 있다는 것보다, '함께'라는 지지감을 가지고 있을 때 구성원의 동기가 높아지며 '언제든지 나에게 도움을 요청해도 돼. 혼자하는 일이 아니야'와 같은 연대감을 느낄 때 훨씬 큰 시너지가 난다는 것이다.

이를 인센티브 제도와 비교해 보면, 인센티브 제도는 '재무적인 계약'의 형태고 일의 가치와 의미를 느끼며 동의해 함께 일하는 것은 '심리적인 계약'인데, 재무적인 계약보다 심리적인 계약의 동기가 훨씬 크다. 그리고 구성원들이 함께 열심히 해서 '열매'를 맺게 되면, 그 보상을 누릴 수 있도록 나누는 것이 순서인 것이다.

사업은 '단거리 경주'가 아닌 '마라톤'이다. 당장 눈앞의 변화가 아닌, 장기적이고 점진적인 변화를 만들려면 더 긴 호흡으로 함께 달릴 수 있도록 조직원들의 '내재적 동기'에 집중해야 한다. 우리가 가장 몰입해서 즐겁게 일했던 때는 언제인가? 일에 대한 보람, 성취는 없는데 돈을 많이 주는 회사를 다닐 때? 그러면, 회사를 다니면서 '돈 때문에 다닌다'라는 말을 입에 달고 살 것이다. 그리고 그 보상에 타격이 오는 순간, 미련 없이 회사를 떠날 것이다. 반면, 내가 공감하는 비전을 지닌 회사에서 나의 성장이 느껴지고, 내가 하는 도전들이 하나하나씩 임팩트를 내는 게 보인다면? 출근하는 하루하루가 즐겁게 느껴졌던 기억이 있을 것이다. 때문에 고연봉, 좋은 직업에서 커리어를 쌓다가도 자신의 미션과 비전이 일치하는 스타트업으로 둥지를 옮기고 새로운 도전을 하는 사례도 주변에서 심심찮게 볼 수 있다.

물론, 회사에 현금이 마르지 않아 충분히 인센티브를 챙겨줄 수 있다면 'Why not?'이다. 하지만, 이는 일을 잘한 구성원의 '성과'에 대한 보상이지, 이 자체가 목적이 될 수는 없다. 또한 손익분기점(BEP)를 고민하고, 생존을 고민하는 단계에서 단순 구성원들의 업무 동기를 끌어올리기 위해 인센티브를 생각하는 중이라면, 이 챕터를 다시 한번 읽고 내재적 동기와 외재적 동기에 대해 신중히 생각해보는 것을 권한다.

'업무 시간'이 아닌 '성과'에 주목하라

야근을 무조건 하는 게 좋은 것일까? 회사는 직원이 매일 야근하는 것을 좋아할까?

이쯤에서 '야근'에 대한 개념을 한번 같이 생각해보고 싶다. 회사가 직원에게 진정으로 원하는 것은 업무 시간 외에 오버타임해서 일하는 게 아니라 사실 '성과'를 내길 바라는 것이다. 그리고 직원이 본인의 성과를 제대로 내지 않거나 데드라인을 지키지 않고 "나는 워라밸이 중요해요"라며 업무가 다 끝나지도 않았는데 로봇처럼 퇴근시간 땡 치면 총알처럼 도망가는 모습이 책임감이 없는 것으로 다가오는 것이다. 소위 '일잘러'로 불리며 데드라인, 업무시간 내에 맡겨진 업무를 잘 마치고, 퍼포먼스도 좋으며, 오히려 시간이 조금 더 남았다고 일을 찾아서 하다가 퇴근시간에 칼같이 퇴근하는 팀원에게 화가 난 적이 있는가? 답은 아닐 것이다.

여기서 주목해야 할 것은 단순히 야근을 하지 않고 칼퇴근을 한다는 이유로 부정적이게 보는 것이 아니라, 본인이 맡은 업무(의무)를 끝내지 않고서, 본인의 칼퇴(권리)만 지키려고 하는 것을 부정적으로 본다는 것이다. 이 현상에 대한 '이해'가 리더도, 사회초년생인 MZ직원에게도 이뤄진다면 오히려 화합하는 방법은 명쾌해질 것이다.

돌이켜보면, 내가 직장생활을 할 때, 일적으로 존중할 수 없는 동료는 퇴근을 일찍 하고 늦게 하고를 떠나 '일을 못하는 사람'이었다. 일례로 동료 직원 중에 매일 밤늦게 퇴근하는 사람이 있었는데, 다른 사람들이 성과를 10개 만들어 올 동안, 그 사람은 1개의 성과를 냈고, 심지어 퀄리티 또한 좋지 않아 회사에 있는 시간은 길지만 가장 퍼포먼스를 못 내는 사람이었다. 그 직원은 끝끝내 회사와 동료들에게 좋은 평가를 받지 못했다.

대표가 되어 회사를 운영하며 스쳐 간 직원 중에도 비슷한 유형이 있었다. 입사를 해 계속 야근을 하는 한 직원이 있었는데, 리더의 위치에 서면 개개인에게 각각 어떤 업무가 분담되어 있는지 파악이 되고, 업무가 과중하다 싶으면 동료 팀원과 나누거나 업무를 적응할 때까지 가능한 업무량으로 조정하는 실력이 생긴다.

야근을 하던 그 직원은 업무 초창기였고, 적응하는 시간이 필요하다고 생각되어 거의 업무를 배정받은 게 없는 상황이었는데, 매일 야근을 하고 있으니 동료 팀원들 사이에서 '저 사람에게 일이 많이 배정된 게 아닐까'라는 의혹이 스멀스멀 피어오르고 있었다. 하지만 정작 그는 일반 정보성 숏폼(1분 이내 영상) 영상 하나를 일주일이 걸려도 만들어내지 못했다. 숏폼 편집자들은 하루에 숏폼 영상 3~4개씩 편집하는 게 일반적이다. 그런데 그 직원은 매일 야근은 하고 있지만 만들어 내는 건 없었다. 그리고 이 모습을 몇 주간 지켜보니 업무 시간에는 일에 집중하지 못하고 있다가, 저녁이 돼서야 일을 하려고 하는 걸 발견했다.

또 다른 케이스도 있다. 한 인턴이 기초적인 업무를 부여해도 소화해내는 게 없어 다른 인턴들 업무량의 1/3로 업무를 줄여 배정하고 있을 때, 그 인턴이 30분 야근한 이야기를 들었다. 물론 결과물은 없었다. 나중에 알고 보니, 그 인턴 직원은 업무 시간에 다른 직원의 업무시간을 빼앗아 본인의 고충을 몇 시간씩 털어놓는다는 사실을 발견했다. 심지어 업무시간에 제대로 일을 하지 않아 일의 마무리가 되지 않은 것을 '왜 야근을 해야 하냐'는 태도로 사수에게 말했다는 정황을 포착했다.

이와 같은 일련의 사례들을 통해 알 수 있듯, 이런 식으로 야근을 하는 팀원이 있다면 회사 입장에서 반가울까? 전혀 아니다. 매일 야근을 하는데 저조한 퍼포먼스를 내는 팀원과 매일 칼퇴를 하지만 하이퀄리티 퍼포먼스를 내며 모든 일을 마무리하고 일을 더 찾아서 끝내놓은 팀원이 있다면? 모두 후자를 선호할 것이다.

그렇다면, 우리는 '야근을 하냐 안 하냐'의 문제에서 벗어나, '성과'에 대해 주목할 필요가 있다. 직원은 맡은 바 업무를 다하고 성과를 내는 것에 의미를 둬야 하고, 회사 또한 '성과'를 기반으로 직원과 이야기를 할 필요가 있다. 문제는, 성과를 내지 않고, 의무를 하지 않으며 권리와 보상(월급)만 받으려고 하는 책임감이 없는 직원들에게서 발생한다. 회사와 직원의 관계는 학교에서의 선생님과 학생의 관계가 아니고, 가족도 아니다. 면접을 보고 회사와 직원으로서 공적인 관계로 '계약'을 했고, 그 약속을 지키지 않으면 회사에서는 퍼포먼스가 안 나오는 직원과 계속 함께하기 힘들다. 회사는 영리 단체이지, 자선단체가 아니기 때문이다. 그리고 공적인 관계에서 사회적 합의로 필요한 건 바로 '자신의 업에 대한 책임'이다. 이 전제를 빼놓고, 업무 시간에 주목한 '워라밸'에 대한 이야기만 초점이 맞춰져 있으니 진짜 문제를 인지하지 못했던 것 아닐까?

결론적으로, 회사와 구성원 모두 '성과'를 기준으로 업무하고 소통하면 이 문제는 다소 간결해진다. 오버타임 근무 여부를 떠나 '성과베이스'로 가야 하는 시대가 왔다.

'성과'를 내는 게 목표인 것이다. 그리고 업무 시간 동안 제대로 집중하면, 온전히 성과를 낼 수 있다고 생각한다. 과거의 업무 환경에서는 '야근', '의리' 같은 부분에 주목했다면, 이제는 성과를 수치화하고, 성과로 퍼포먼스를 측정하는 것으로 변화할 때이다. 예를 들어, 제작팀이라고 한다면, 하루에 영상을 제작한 양, 그리고 조회

수 / 시청지속시간 / 구독자 수 등 각각의 카테고리에서 얼마만큼의 퍼포먼스를 냈는지 성과 기준을 정해 업무역량을 평가하는 것이다. 근무시간에 대한 이야기가 아니라 '제대로 일을 하고 있는가'에 대해서 이야기를 할 필요가 있다.

그렇다면 어떻게, MZ팀원들이 성과를 내면서 일할 수 있도록 조직의 업무 효율성을 높일 수 있을까? 일단은 '워라밸'보다 '성과를 내느냐 못 내느냐'를 기준으로 조직원과 씽크를 맞출 필요가 있다.

먼저, 성과를 내면서 일을 할 수 있게 하기 위해서는 '성과 기준'을 명확히 해서 이 기준을 지킬 수 있게 제시해야 한다. 성과가 안 나올 때는, 야근 유무가 기준이 아닌 '성과'를 기준으로 회사와 계속 같이 갈 수 있을지 이야기를 해야한다. 1) 성과를 끌어올리기 위해 회사에 헌신을 할 수 있을지, 2) 노력하고 개선되는 모습을 보여줄 수 있을지 이야기를 나눈 후, 성과를 내지 못하는 것에 대해 헌신이나 개선되는 모습을 보여줄 수 있는 방향이 안 보인다면, 그것은 회사와 구성원이 맞지 않는 것이기에 서로 대화를 통해 구성원이 더 잘 일할 수 있는 곳으로 떠나 보내줄 필요도 있다.

그리고, MZ팀원 입장에서 성과를 내려면 다음의 10가지 방법을 하나하나 실행해보는 것을 권장한다.

|성과를 내는 10가지 방법|

1. **목표 설정** : 작은 목표부터 시작해서 큰 목표를 달성하기 위해 계획 세우기. 명확하고 현실적인 목표를 세우고, 이를 달성하기 위한 단계 계획하기

2. **일정 및 우선순위** : 할 일을 일정에 맞춰 관리하고, 중요한 일부터 우선적으로 끝내기. 중요한 작업에 집중하고, 시간을 효율적으로 활용하기

3. **능동적으로 배우기** : 회사의 제품, 서비스, 프로세스에 대해 관심을 갖고 배우려고 노력하기. 성장과 배움에 적극적이고 호기심을 갖는 것이 성과를 내기 위한 성장의 밑거름임을 주지시키기

4. **효과적인 커뮤니케이션** : 명확하고 정확하게 의사소통하기. 필요한 정보를 정확히 전달하고, 피드백을 받아들이며 개선해나가기

5. **동료와 협력** : 동료들과의 관계를 좋게 유지하고, 협력을 통해 문제를 해결하고 아이디어를 공유하기. 업무 진행 속도가 더딜 때 혼자서 고민하기보다는 주변 동료 및 사수에게 질문을 구해 해결하는 방법도 있기에 팀워크는 성과를 향상시키는 데 매우 중요한 요소

6. **자기 관리** : 건강한 생활습관을 유지하고, 스트레스를

관리하며 일과 생활의 균형을 유지하기. 일을 잘하기 위해서는 자기 관리가 중요

7. **초기 성과 확인** : 작은 성과도 중요하기에 계속해서 작업의 결과를 확인하고, 성과를 인정받는 과정에서 자신감과 효능감 익히기

8. **피드백 받기와 개선** : 계속해서 피드백을 받고, 성과를 향상시키기 위한 방법 찾기. 실패는 배움의 기회라는 걸 새기고 프로젝트 결과가 좋지 않더라도 레슨런 얻기

9. **유연성과 적응력** : 변화에 빠르게 적응하고, 새로운 환경에서 유연하게 대처할 수 있는 능력을 기르기

10. **열정과 노력** : 성과는 노력과 열정에서 출발하기 때문에, 일에 열정을 가지고 최선을 다하며 노력을 게을리하지 않기

'피드백'은
명확하게

누구나 신입 시절 상사에게 피드백을 받았던 적이 있을 것이다. 당신은 어떤 피드백이 가장 먼저 떠오르는가?

마케팅 전문 기업 하우그로우 옥유정 대표는 직장인 시절 '내 성장에 도움이 됐던 피드백'을 생각해보면 칭찬해줬던 상사들은 잘 생각이 안 난단다. 그리고 오히려 '제대로 된 피드백을 해줬던 분들'이 떠오른다고 밝혔다.

직장인 시절 제안서 및 기획서 등을 통해 정부지원금을 수차례 받았던 경험이 있던 옥 대표는 당시 기획서 만드는 것에 자신감이 가득찬 상황이었는데, 자신있게 내놓았던 기획서에 한 상사가 "이 기획안은 '여름에는 덥고, 겨울에는 춥습니다'를 써놓은 것 같다. 너무 당연한 이야기를 예쁘게 써놓은 것 같다"라는 피드백을 했다. 이 피드백을 듣고 옥 대표는 너무나 화끈거리고 온몸이 빨개지는 경험을 했다고 한다. 그 자리에서는 나름 해명도 했었는데, 며칠간 이 말이 잊히지 않고 뇌리에 남았다고 한다. 잘했다고 생각한 결과물에 이러한 피드백이 오니 처음에는 자존심도 상하고 떠올릴 때마다 화끈거렸는데, 시간이 지날수록 그 말의 의미를 곰곰이 되새기게 됐다. 그리고 몇 년이 지난 지금까지도 무언가를 할 때 '혹시 내가 너무 당연한 말을 써놓은 건 아닐까?'라며 계속 경각심을 갖게 된다고 한다.

옥 대표는 이 경험을 통해 MZ 팀원들과 성과를 내며 일하는 방법으로 듣기 좋은 감언이설이 아닌, '명확한 피드백'을 주는 것을 꼽았다. 결국 피드백이라는 것은 그 사람의 성장을 돕는 것이기 때문에, 듣기 좋은 말, 기분 좋은 말이 아니라 '가르쳐 주는 게' 중요하다는 것이다.

옥 대표는 그래서 팀원들에게 일을 내리고, 팀원들이 업무를 하지 못한다고 해서 '내가 할게'라고 가져오지 않고, 계속 시켜본다고 한다. 그리고 팀장급의 구성원들에게도 '팀원들의 일을 가져오지 말라'고 싱크를 맞춘다. 답답하다고 가져와서 일을 대신 해줘버리면, 마땅히 받아야 할 피드백을 받지 못하게 되기 때문이다.

그리고 제대로 된 피드백을 받아본 적 없는 경우에는 방어적으로 나오는 경우가 많다. 특히나 자라오며 가정과 학교에서 꾸

중보다는 용인을 더 많이 받아왔던 요즘 세대 친구들은 더 방어적으로 나오는 경향이 많다. 방어적으로 본인의 업무 결과에 대해 합리화하려 하고, 자신의 의견을 고수하려고 한다. 하지만 이런 경우에도 '혼자가 아니라 함께 일하는 것이기 때문에 이 업무가 잘되려면 이렇게 해야한다'라고 업무 개선에 대해 인지시킬 필요가 있다. 그리고 너무 방어모드로 나오는 팀원이 있다면 함께 일하기 힘든 사람이 될 수도 있음을 유념해야 한다.

피드백도 잘 받아야 하는 시기가 있다. 어린 나이일수록 명확한 피드백을 잘 받은 사람들이, 나중에 자리를 잡게 됐을 때 피드백을 잘하게 된다. 육아를 할 때에도 배움과 관련해 '훈육'이라는 개념이 있는 것처럼, 옳지 못함을 알려주는 것도 꼭 필요하다. 배움에 칭찬과 보상만 존재하는 것이 아니라, 좋은 성장을 위한 조언도 필요한 것처럼 말이다.

옥 대표는 이어 '피드백 루프'를 강조했다. 명확한 피드백을 통해 구성원의 성장을 만들고, 그 구성원이 또 다른 구성원들에게 더 좋은 피드백을 줄 수 있는 사람이 될 수 있도록 도우며, 그 사람이 온전한 사회구성원이 되고 직무 전문성을 갖출 수 있게 하는 것이다. 이 글을 읽고 다시 한번 생각해보자. 나를 성장하게 했던 피드백은 어떤 게 있을까? 피드백을 명확하게 받는다면, 당시에는 기분이 나쁘더라도 성장의 발판이 될 수 있다. 때문에 옥 대표는 과거 피드백을 통해 '갈 길이 멀었구나'를 느끼며 겸손

해졌고, 이후 제안서를 쓸 때에도 '뻔한 이야기를 장황하게 써놓은 게 아닐까?'라는 객관적인 시선으로 바라보며, 그 뒤로 제안서의 성공률이 높아지는 경험을 했다고 전했다.

나 또한 돌이켜보면, 제일 처음 아나운서를 하던 시절, 첫 리포팅 취재를 통해 '순천만국제정원박람회' 스케치 기사를 써갔던 때가 생각난다. 스케치 기사라는 개념을 대학교에서 전공 수업을 들을 때 과제로 해보긴 했지만, 실무에서 써본 적은 없어 눈앞에서 장면이 그려지는 것과 같은 수식어를 붙여 보도국장님께 보여 드렸다. 내가 처음으로 썼던 스케치 기사 중 '꾸벅꾸벅 낮잠을 자고 있는 오리들'이라는 문구가 있었는데, 보도국장님이 '꾸벅꾸벅 낮잠을 자고 있는 건' 사실이 아닌 내 사견, 내 생각일 뿐이라며, 실제로 오리들이 졸고 있었는지 물었다. 이때 기사란 '팩트'를 기반으로 쓰는 것이지 아무리 스케치 기사라도 사실이 아닌 사건이 들어가선 안된다는 것을 실전으로 배웠다. 그 이후로 인터뷰 기사를 쓰든, 스케치 기사를 쓰든, 일반 기사를 쓰든 혹시나 자의적인 생각이 들어간 게 아닐지 다시 한번 경각심을 가지고 기사를 쓸 수 있게 됐다.

그렇다면, 어떻게 하면 명확한 피드백을 '잘' 줄 수 있을까? 상대방의 마음을 상하지 않게 하며 업무 피드백을 주기란 여간 어려운 일이 아니다. 옥 대표는 명확하게 피드백을 주는 방법으로 '감정을 배제하고 사실 기반으로 피드백을 주는 것이 중요하다'

고 강조했다. 상처를 받을까 봐 말을 돌려서 하는 것보다, 사실을 기반으로 '왜 이 결과물이 별로였는지' 이유에 대해서 설명하는 것이다. 그리고 팀원이 의견을 구할 때에도 아리송하게 대답하지 않고, '별로면 별로다'라고 명확하게 이야기하고, 그 이유에 대해서 설명하는 것이다. 여기에서 신경 써야 할 부분은, 사람의 성향에 맞춰 다르게 이야기하기보다는, 모든 사람에게 똑같이 피드백을 해줘야 한다는 점이다. 대신에 사람의 성향에 맞게 이야기하고, 설명하며, 다독여주는 역할을 중간관리자가 할 필요도 있다고 강조했다. 대표의 스타일은 명확하게 피드백을 주는 것이고, 모두에게 공평하게 피드백한다는 구성원 간의 합의가 이뤄질 수 있도록 말이다.

대표와 중간관리자, 각자가 이 역할을 나눌 수도 있다. 중간관리자가 더 명확하게 피드백을 하고 대표는 혹시나 구성원들이 받았을 상처를 보듬어주는 식으로 말이다. 요점은, 전달하고자 하는 바를 그 순간에 명확하게 전달하고, 혼자서 생각해 볼 수 있는 시간을 준 후 시간이 지난 다음 그 감정을 해소할 필요도 있다는 것이다.

누구나 타인에게 좋지 않은 말을 하는 것은 쉽지 않다. 하지만 피드백을 통해 구성원을 성장시키며, 회사가 더 효율적으로 돌아갈 수 있다는 목표를 생각하면 과감하게 용기를 낼 필요가 있다. 직접적으로 명확한 피드백을 하는 것이 너무 힘들다면 'KPT 회고법' 피드백을 사용해보길 추천한다. KPT 회고법은 업무 방식을 리뷰하고 개선하는 회고로, 'K(Keep) : 지속할 것, P(Problem) : 해결할 것, T(Try) : 시도할 것' 이 세 가지를 기반으로 업무 회고 피드백을 하는 것이다. 과거에 일했던 방식을 솔직하게 평가하고, 이를 개선할 수 있는 액션플랜을 도출하며, 개선안을 바로 적용하는 시스템을 만든다면 업무 방식을 효율화할 수 있을 것이다.

그리고 모든 피드백은 누군가를 비난하는 게 아니라, 그 상황을 객관적으로 바라보고 개선하고자 하는 관점에서 시작돼야 한다. 피드백을 말하는 당사자도, 피드백을 받는 구성원도 이 목적에 대한 이해도가 맞으면 서로 감정소모 하지 않고 업무효율성을 높일 수 있을 것이다.

Chapter.3

MZ세대 사장의 제안
-
Just do it!

MZ세대가 일하고 싶은 직장인가?
: Checklist 10!

챕터1,2에 걸쳐 MZ세대의 특징과, 어떻게 이들과 성과를 내며 일을 할 수 있는지에 대해 살펴보았다. 그렇다면, 우리 회사는 MZ세대가 일하고 싶은 직장일까?

챕터3에 들어가기에 앞서, 우리 회사는 MZ와 성과를 내며 일할 수 있는 곳인지, 회사의 현주소를 파악하기 위해 MZ세대가 일하고 싶은 직장 기준 10가지 체크리스트를 준비해보았다.

〈MZ세대가 일하고 싶은 직장 기준 10가지 Checklist〉

* 일과 삶의 조화, 워라블이 가능한 조직
* 존경할만한 동료, 직장 상사, 리더가 있는 조직 (상사/동료의 능력과 인성이 좋은 기업)

- 회사의 미션과 비전이 명확하며 사회적 임팩트를 줄 수 있는 곳
- 평등과 공정성 : 연령·성별과 관계없이 모든 직원에게 공평한 기회를 부여하고, 성과를 인정하는 곳
- 직무 전문성을 기르고 경험을 많이 쌓을 수 있는 곳
- 업무지시는 명확, 피드백은 꼼꼼한 사수가 있는 곳.
- 업무의 목적과 가치 인식 : 회사의 목적과 가치를 공유하며, 업무의 의미와 가치를 이해하는 환경을 지닌 곳
- 유연한 경로와 진로 개발 : 다양한 경로로의 진로 개발 기회를 제공하고, 개인의 잠재력을 인정하는 환경
- 자유로운 의사소통과 피드백 문화 : 의견을 자유롭게 제시하고, 소통과 피드백을 적극적으로 수용하는 문화
- 자기계발과 교육 지원 : 꾸준한 자기계발을 중요시하며, 교육 지원 및 개인 발전을 위한 기회를 줄 수 있는 곳

1. 일과 삶의 조화, 워라블이 가능한 조직

- MZ세대는 일과 개인 생활의 균형을 중요시한다. 개인의 비전과 회사의 비전이 맞아 일과 삶의 블렌딩을 맞출 수 있는 근무환경을 지닌 회사는 직원들이 덕업일치를 통해 일과 삶을 조화롭게 유지하도록 도울 수 있

다.

2. 존경할만한 동료, 직장 상사, 리더가 있는 조직
  - MZ세대는 동료 및 상사의 능력과 인성이 좋은 기업을
    선호한다. 능력뿐 아니라 인성이 좋은 구성원들과 함
    께 일할 때 조직 내에서의 긍정적인 업무 환경을 조성
    하고 협업을 할 수 있기 때문이다.

3. 회사의 미션과 비전이 명확하며 사회적 임팩트를 줄 수
   있는 곳인지
  - 사회적 가치 및 미션에 공감하는 것이 MZ세대의 특징
    중 하나이다. 회사가 명확한 미션과 비전을 가지고 있
    고, 사회적으로 긍정적인 영향을 주는 일에 참여할 수
    있는 곳에서 일할 때 효능감을 더욱 높인다.

4. 평등과 공정성
  - MZ세대는 다양성과 공정성을 존중한다.
  - 성별, 연령 등과 상관없이 모든 직원에게 공평한 기회
    를 부여하고, 성과를 인정하는 기업은 적극적으로 지
    원하는 추세다.

5. 직무 전문성을 기르고 경험을 많이 쌓을 수 있는 곳인지

  - 지속적인 성장을 추구하는 MZ세대는 자신의 전문성을 향상시킬 수 있는 기회에 목마르다. 때문에 다양한 프로젝트에 참여하고 역량을 쌓을 수 있는 기업을 선호한다.

6. 업무지시는 명확하게, 피드백은 꼼꼼하게

  - 불필요한 시간과 자원의 낭비가 없도록 명확하게 업무지시하고 중간 점검 과정에서 적절하고 꼼꼼한 피드백을 줄 수 있는 사수가 있는 곳을 선호한다

7. 업무의 목적과 가치 인식

  - 회사의 목적과 가치를 공유하는 것이 MZ세대의 중요한 가치이다. 업무가 회사의 목표에 기여하고 의미 있는 결과물을 만들 수 있다고 느끼는 환경을 선호한다.

8. 유연한 경로와 진로 개발

  - 다양한 경로로의 진로 개발 기회를 제공하는 회사는 MZ세대의 관심을 끌어낼 수 있다. 개인의 잠재력을 인정하고 발전시킬 수 있는 환경을 갖춘 기업을 선호하기 때문이다.

9. 자유로운 의사 소통과 피드백 문화

- MZ세대는 의견을 자유롭게 제시하고 소통과 피드백을 받는 환경을 선호한다. 권위적이고 수직적인 근무환경보다 수평적인 근무환경에서 더욱 퍼포먼스가 잘 나온다고 생각하며, 수평적인 근무환경을 만들기 위해서는 자유로운 의사소통이 전제돼야 한다. 그리고 자유롭게 의사소통을 하되, 명확한 피드백을 통해 구성원이 성장할 수 있도록 도울 필요가 있다.

10. 자기계발과 교육 지원

- 꾸준한 자기계발을 중요시하는 MZ세대는 회사가 좋은 사수의 멘토링을 통해 직원을 육성하거나 혹은 업무와 필요한 능력 향상에 도움이 되는 온라인클래스 및 도서 등 교육/학습 지원을 제공하고 개인 발전을 지원해주는 곳을 선호한다. 이를 통해 개인적인 성장과 회사의 발전을 동시에 이룰 수 있기 때문이다.

(출처 : 동아비즈니스리뷰)

추가로 MZ세대가 선호하는 상사 유형은 다음과 같다.

1. 피드백이 명확한 상사(42%)

2. 솔선수범하는 상사(25.6%)

3. 실무에 능숙한 상사(18.4%)

4. 동기부여를 하는 상사(18%)

5. 공정한 상사(17.4%)

6. 반면, 너무 원칙적인 상사에 대한 호감도는 2%로 가장

   낮은 편이다.

(출처 : 잡코리아가 2023년 MZ세대 취업준비생과
직장인을 대상으로 진행한 설문조사)

추가로, 전국경제인연합회(전경련)가 여론조사기관 모노리서치에 의뢰해 20·30대 827명을 대상으로 진행한 '기업(인) 인식조사' 결과에 따르면 MZ세대가 가장 선호하는 경영진 리더십 유형은 '소통형'(77.9%)인 것으로 나타났다. (2023.04)

직무별 성과 기준을
제시하라

MZ세대와 하이아웃풋을 내며 함께 일을 하기 위해서는 '직무별 성과 기준'을 제시하는 것이 중요하다.

하지만, KPI(핵심성과 지표)에 의존하는 기존의 직무 성과 평가 방식은 변화되는 추세다. MZ세대는 더 많은 유연성이 보장되고 의미 있는 업무에 집중하는 것을 선호하기 때문에, 성과 평가 기준 또한 달라지고 있는 추세이다.

때문에 단순히 목표에 대한 성과를 수치화하여 정량적으로만 평가하던 'KPI에서 목표 및 주요 결과 지표를 설정하여 성과를 관리하는 'OKR(목표 및 주요 결과지표)'이 MZ 조직 사이에서 더 주목 받고 있다. OKR의 핵심은 조직의 목표가 곧 개인의 목표이며, 조직의 공동 목표에 조직의 힘을 집중시킨다는 특징을 지니고 있다.

가장 큰 차이는 단순한 '숫자적' 목표가 아닌, 상위 개념인 '목적'을 중점으로 한다는 것이다. 이번 목차에서는 KPI와 OKR에 대해 다루려는 것이 아니라, 어떻게 하면 MZ세대에 맞게 직무별 성과 기준을 제시할 수 있을지에 대해 이야기하고자 한다.

먼저, MZ세대 팀원에게는 유연한 목표 설정'을 할 필요가 있다. 고정된 목표보다는 유연한 목표를 제시하고, 디테일하고 현실적인 목표를 설정하되, 그들이 자유롭게 업무를 수행할 수 있는 여유를 주는 것이 중요하다. 글로벌 산업, 경제상황이 시시각각으로 변하고 있어 유연하게 대처해야 하는 상황도 있지만, 처음 일을 시작한 팀원들이 현실가능한 목표로 차근차근 성취의 경험을 통해 자아효능감을 쌓아가는 것도 중요하기 때문이다.

두 번째로, 성과 측정을 '다양하게' 할 필요가 있다. 숫자로만 성과를 측정하는 것이 아니라, 창의성, 문제 해결 능력, 팀워크 등 성과 측면을 다각화하여 평가하게 되면, MZ세대 팀원들은 더욱 능동적으로 일할 수 있을 것이다. MZ세대는 자신의 능력이나 업무를 통해 '의미' 있는 기여를 하는 것에 중점을 두기 때문에, MZ세대의 강점을 잘 발휘할 수 있는 카테고리, 그리고 이들이 업무를 잘 하기 위해 꼭 필요한 자질 등을 성과 측정 항목으로 명시해 놓으면 이전보다 훨씬 성장한 모습을 볼 수 있을 것이다.

세 번째로 '자주' 피드백을 하는 것이다. 리더와의 원온원 미팅 등 최근 조직에서 리더와 구성원들 간 자주 소통하고 피드백하는 것이 주요 업무 문화로 떠오르고 있다. 주기적으로 자주 피드백을 하게 되면 즉각적으로 피드백이 제공되고 이를 반영하며 성과를 더 빠르게 낼 수 있다. 또한 피드백을 통해 어떤 면에서 개선이 필요한지, 어떤 것은 잘하고 있는지 등을 이야기하면 구성원의 성장을 더 발 빠르게 도울 수 있다.

뉴즈의 경우 '30% 피드백'을 핵심 업무습관으로 실행하고 있는데, 이는 업무가 주어졌을 때 완성본만 공유하는 게 아니라, 30%, 즉 초안이 초안이 만들어졌을 때 상사에게 피드백을 받는 것이다. 가끔 보면, A라는 업무지시를 했는데 생뚱맞게 B라는 결과물이 공유되는 경우가 있었을 것이다. 그렇게 되면, 이 일에 주어진 데드라인이 있는데, 방향성이 잘못되어 다시 처음부터 일을 시작해야 하는 상황이 오면, 업무 기간이 길어지고 데드라인이 늦어지는 불상사가 생길 수 있다. 그래서 실무자 입장에서도 일이 주어졌을 때, 내가 옳은 방향으로 가고 있는지 주기적으로, 자주 상사에게 업무 피드백 받는 것을 습관화하면 일을 헤매는 시간을 줄일 수 있다.

네 번째로, 직무별 성과 기준을 통해 조직원들의 자기주도적 학습과 발전을 장려하는 환경을 조성할 수 있다. 새로운 기술, 툴, 지식을 습득해 본인이 습득한 지식을 구성원들에게 공유하는 것을 성과 기준으로 삼으면, 자연스럽게 조직 구성원들이 주도적으로 학습하고, 발전하고자 하며, 혼자 지식을 아는 것에서 끝나지 않고 조직에도 공유하는 긍정적인 환경이 조성될 수 있다. 이를 위해서는 독서나 교육 등 구성원들이 성장하는 데에 필요한 경험을 할 수 있도록 회사에서 신경 쓸 필요도 있다.

마지막은 목표달성에 대한 '보상'이다. '이걸 하면 돈을 줄게'의 형태가 아닌, '이걸 해냈으니 보상을 줄게'의 형태로 보상을 하는 것이 중요하다. '돈'이 목적이 되는 순간, 그 관계는 뜨거워지지 않고 오히려 차가워진다. 이는 내재적 동기를 충족시켰느냐, 외재적 동기를 충족시켰느냐와도 연관이 되는 것으로, 사람들은 인센티브, 즉 금전적인 보상보다 그 일에 대한 의미와 재미를 느낄 때 훨씬 업무적인 동기를 느낄 수 있기 때문이다.

때문에 구성원들의 내재적 동기(일의 의미와 재미)를 충족시켜 줄 수 있는 보상시스템을 각 기업과 문화에 맞게 적용하여 도입하면 좋을 것이다.

워크숍 대신
워케이션

기자를 하던 시절 제주도에 출장을 갔던 날이 있다.

취재 업무를 마치고, 기사를 쓰기 위해 카페에 들어가 노트북을 여는데, 눈 앞에 바다가 보이던 그 순간을 잊을 수 없다.

사실 기자는 기사를 쓰는 장소를 가리지 않는다. 그리고 그 장소는 여유롭다기보다는 치열한 환경이 많다. 취재를 나갔을 때, 더 빨리 기사를 내보내기 위해 현장에서 빠르게 내용을 갈무리해 송고하고, 퇴근 후 귀가 중에 새로운 소식이 나오면 중간에 지하철에서 내려 역사 벤치에 앉아 기사를 쓰기도 했다.

일상이 기사를 쓰는 일이라, 길 위에서든, 버스·택시 같은 이동수단에서든 장소에 구애받지 않고 일을 해왔는데, 한적한 오전 바다가 보이는 풍경에서 기사를 작성했던 그 순간은 생전 경험해 보지 못한 행복한 순간이었다.

그리고 그 공기, 분위기가 좋아서 앉은자리에서 그대로 기사를 써내려갔고, 나중에 일어났을 때는 햇빛을 너무 많이 받아 얼굴이 빨갛게 그을렸을 정도였다. 피부가 따끔거리는 것도 모르고 몰입하여 일을 했던 것이다. 자연 속에서 여유를 가지고 일을 할 때, 일의 몰입도와 생산성이 비교가 안될 만큼 높아진다는 경험을 직접 하고 나서는, 여행으로만 찾았던 이전과 달리, 일상에 지칠 때, 휴가 기간을 활용하여 책을 가득 담은 캐리어를 꾸려 '독서 휴가'를 떠나는 등 생산성을 높일 수 있는 '주제'를 가지고 제주도를 찾게 됐다.

나는 기자를 할 때 업계에서 인정 받아 해외 출장을 여러 번 갔었는데, 해외로 출장을 떠날 때에는, 한정된 시간 안에 최대한의 퍼포먼스를 내야 하기 때문에 하루에 인터뷰와 미팅을 5개씩 잡는 등 살인적인 스케줄을 소화했었다. 그래서 똑같이 비행기를 타고 떠나지만, 그 안에서 풍경을 구경할 여유라든가 시간이 많지 않았다. 심지어 비행기 안에서도 기사를 쓰고 인터뷰 영상을 편집했을 정도니 말이다.

아무래도 이렇게 치열한 경험이 많다 보니, 똑같이 타지로 떠나는 거지만 여유롭게 자연 안에서 업무에 몰입할 수 있는 경험은 너무나도 새로웠다. 여행과 출장, 그 사이 어딘가에 있는 특별한 경험이랄까.

그 후, 코로나가 시작되고, 팬데믹 이후 창업을 하게 되면서 비대면 근무가 낯설지 않게 될 무렵 '워케이션'이라는 단어가 등장했다. 'Work(일)'과 'Vacation(휴가)'의 합성어로, 회사로 출근하지 않고 휴양지나 여행지에서 쉬면서 원격근무를 하는 방식을 말하는 워케이션. 여행과 업무가 하나로 어우러지는 워케이션은 특히나 MZ세대와 함께 민첩하게 변화에 적응하고 성과를 내는데 필수적인 요소 중 하나로 자리 잡고 있기도 하다.

그리고 제주도에서 했던 경험을 구성원들과 나누고 싶어 올해 회사 팀원 및 소속 크리에이터들과 함께 제주도로 4박 5일 워케이션을 다녀왔다. 구성원들의 만족도는 최상, 결과는 대성공.

오전에는 제주도의 자연을 느끼며 힐링할 수 있는 '사운드워킹'과 같은 무리되지 않는 액티비티로 시작해 오후에는 제주도 풍경이 보이는 워케이션 오피스에서 근무, 업무 후 저녁시간에는 흑돼지 등 제주에서만 만날 수 있는 맛집을 찾아 맛있는 음식과 함께 인생에 대한 이야기를 나눴다. 회사와 3년 넘게 함께하고 있던 크리에이터들도 이 경험을 통해 회사와 훨씬 가까워지는 경험을 했고, 단순히 밥을 먹고 행사에서 만나 대화하는 것을 넘어 회사의 팀원들이 업무하는 풍경을 보며 본인들의 크리에이터 업 또한 프로페셔널하게 해야겠다는 결심을 하게 됐다고 했다.

구성원들 또한 업무적인 대화를 주로 하던 동료들에 대해서 더 많이 알고, 또 여유있는 환경에서 업무를 진행하다 보니 업무 몰입도가 훨씬 향상되는 경험을 할 수 있어 좋았다며, 함께 좋은 추억을 공유했던 것은 도장과도 같아서, 지금도 업무하다가 제주 워케이션 때의 추억을 이야기하며 행복했던 기억을 복기하곤 한다.

우리 회사는 매년 하루 날을 잡고 '비전 워크숍'을 하는데, 출근하던 공간에서 회의실을 빌려 비전 워크숍을 했던 것과, 자연이 보이는 휴식 공간에서 비전 워크숍을 했던 것은 완전히 달랐다. 비전 워크숍은 구성원들이 더 큰 비전, 더 큰 꿈을 그리며 함께 회사의 방향성에 씽크(sync)를 맞추고 달려갈 수 있는 원동력을 얻는 시간이기도 한데, 완전 새로운 공간에서 비전 워크숍을 진행하자 크리에이티브하고 원대한 목표들이 여기 저기서 나왔다. 이 또한 평소 사무공간에서 진행했으면 나오지 않을 아이디어들이 무궁무진하게 쏟아졌다.

그렇다면, 여기서 "'워크숍'과 '워케이션'의 차이가 뭐지?"라는 의문이 들 수 있다.

워크숍은 사전적 의미로 교육이나 지식, 기술, 연구 등을 서로 교환하는, 일종의 세미나를 뜻한다. 실제로는 어딘가로 떠나 구성원들의 친목을 도모하고 회사의 비전을 공유하는 시간을 갖는 경우가 많다. 나 또한 창업하고 3년간, 팀원들과 상반기 / 하반기 연 2회씩 워크숍을 떠났는데, 워크숍과의 워케이션의 가장 큰 차이는 '좋은 환경에서 일에 몰입하는 경험'을 한다는 데에 있다.

대부분 워크숍을 갈 때 '일'을 제외하고 가는 경우가 많다. 그러다 보니 당일치기 워크숍, 길어도 1박 2일 워크숍이 일반적이며, 해당 시간 동안에는 구성원들을 끈끈하게 이어줄 수 있는 액티비티로 대부분의 시간을 보낸다. 그리고 그 중 의례적으로 회사의 비전을 공유하는 시간을 갖는다. 평소 업무 외 대화를 하지 않았던 팀원들과 일상의 이야기를 나누고 끈끈해질 수는 있지만, 거기에 '함께 일에 몰입하는 경험'은 결여돼 있다. 그렇기 때문에 워크숍을 다녀와도, '회사에서 하루 여행하고 온 시간', 이런 정도의 기억에 머무를 때가 많다. 그리고 이때의 경험이 업무와 이어지는 연결고리는 크지 않다.

하지만, 더 넉넉한 시간 동안 새로운 공간에서 생산적인 업무를 하며, 업무와 관련해 동료들과 창의적인 대화를 나눈 경험은 회사에 복귀해서도 이어진다.

대부분의 사람은 일상을 떠날 때, 이분법적으로 '여행' 아니면 '출장'으로 나눈다. 나 또한 그랬다. 내가 제주도 출장지에서 기사를 쓰러 들어갔던 카페에서 황홀한 오션뷰를 만나지 않았더라면, 나도 휴양지에서 일을 하는 경험이 일의 몰입도를 올려준다는 사실을 알지 못했을 것이다. 그리고 성장에 관심이 있는 사람이라면, '일에 몰입한 나 자신을 발견하는 일'이 얼마나 큰 행복을 주는지 알 수 있을 것이다. '일은 재미가 없는 것'이라는 편견을 지니고 있는 일부 사회초년생들에게 일의 몰입이 주는 행복감을 워케이션은 가치가 있는 시간이다.

워크숍과 워케이션의 차이를 경험하며 직접 깨닫게 된 것은, 워크숍은 주로 교육과 친목 활동을 위해 단기적으로 기업 구성원들이 모이는 자리로, 업무와의 연결고리는 한계적이라는 것. 하지만 워케이션은 자연 환경에서 일에 몰입하며 생산성을 높일 뿐만 아니라, 동료들과의 창의적인 대화와 깊은 연결을 이어나갈 수 있는 기회를 제공한다는 것이다.

그리고 실제로 우리 회사는 워케이션을 통해 팀원 간의 유대감을 높이고 업무 퍼포먼스를 향상시키는 방법을 찾아가고 있다. 워케이션은 우리에게 새로운 비전과 업무에 대한 열정을 불어넣는 특별한 시간을 선물한다.

지금껏 진행됐던 매뉴얼대로 다음 워크숍을 준비 중이라면, 이번에는 워케이션을 떠나보는 건 어떨까?

채용과 인사평가체계에 앞서 핵심가치를 먼저 정하라

"코어밸류를 먼저 정하세요"

커피챗을 하던 중에 한 스타트업 대표가 입을 열었다. 대표라는 자리는 참 외롭다. 기자를 하던 때에 수많은 대표님과 인터뷰를 하며, 그 자리가 쉽지 않은 자리라는 것은 알았지만, 대표가 되기 전까지 제삼자로서 듣던 그말을 이해할 수는 없었다.

그런데 실제로 대표의 자리에 서게 됐을 때, 그 말이 정말 많은 의미를 함축한다는 것을 깨달았다. 대표는 정말 외로운 자리다. 자사의 서비스를 이용하는 유저의 마음을 항상 살펴야 하고, 회사를 믿고 투자한 투자자들에게 신의를 저버리지 않기 위해 대표적인 영업사원이 되어 회사의 매출을 내야 하는 동시에 스타트업임에도 팀원들에게 월급을 꼬박꼬박 줄 수 있도록 수익 고민을 해야 한다.

이와 동시에 회사의 비전과 본질을 지키기 위해 서비스에도 집중을 해야 한다. 일만 하고 매출만 내면 되느냐, 아니다. 그 사이 공동창업자, 이해관계자, 조직원, 협업사 등 수많은 관계 속에서 일상을 조율해야 한다.

하지만 이 혼란스러운 과정 속에서 대표들은 누구에게 힘들다고 말할 수 없다. 직원한테 힘들다고 이야기하면 직원들은 회사의 존립을 걱정할 것이며, 공동창업자라고는 하지만 모두가 회사에 같은 애정과 책임감을 가지고 있지 않기에 공동창업자에게도 쉽사리 이야기할 수 없다. 때문에 종종 조직관리 측면에서 답답할 때면 동료 스타트업 대표들끼리 1:1 커피챗을 갖는다.

대표들이 만나면 거의 90%가 고민하는 게 비슷하다. 어떻게 하면 팀원들이 회사의 비전에 공감해 함께 으쌰으쌰 함께 능동적으로 일을 할 수 있을지, 성과에 책임지는 조직 문화를 만들 수 있을지 등등. 이는 비단 대표뿐 아니라 모든 곳의 리더들이 공감하는 내용일 것이라 생각한다.

이 중에서도 스타트업은 소규모의 팀원들이 비전 하나를 보고 같이 으쌰으쌰하며 나아가는 것이기 때문에 조직의 분위기와, 구성원 한 명 한 명의 퍼포먼스가 중요하다. 스타트업이 시장에서 퍼포먼스를 낼 수 있는 방법은 구성원들의 창업가 마인드, 비전의 일치, 빠른 실행력 이 세 가지가 가장 중요한데, 이 셋은 강요한다고 해서 만들어지기 쉽지 않다.

　때문에 채용 단계에서 창업가 마인드를 지니고 있고, 회사의 비전을 공감하며, 빠르게 실행하는 옥석을 가리는 눈을 길러야 한다. 하지만, 이게 생각처럼 쉽지 않다. 4년 차 회사를 운영하고 있는 나조차도 인사와 관련해 수많은 시행착오를 겪고 있기 때문이다. 이 이야기를 나누던 중 동료 대표가 "코어밸류를 먼저 만들라는 조언을 줬다. 회사와 맞는 인재를 가르는 기준이 바로 '코어밸류'라는 것이다.

　코어밸류, 즉 핵심가치는 '미션과 비전을 달성할 수 있도록 조직의 명확한 원칙과 행동지향점을 제시하는 것'이다. 조직의 문화를 형성하는 가치, 원칙, 신념 철학 등을 의미한다. 핵심가치는 5개 이내로 제한하는 것이 좋다.

　회사의 코어밸류가 정해지고, 코어밸류를 중심으로 인재상을 만들며, 사람을 들이고 정리할 때 '코어밸류'를 기반으로 보면 관리차원에서 감정적인 소모도 줄이는 동시에 원하는 팀 분위기를 만들어 갈 수 있다. 그리고 코어밸류를 정하기 전에 우리 회사만의 인재상을 그려보면 좋다. 더 정확히 말하자면 '회사가 원하는 인재상'이다. 으레 처음 조직문화를 구성해야 한다고 하면, 스타트업에서 교과적으로 참고하는 토스, 우아한형제의 인재상, 코어밸류, 조직문화 등을 떠올릴 것이다. 나 또한 처음 회사의 조직문화를 정할 때, 두 기업의 인재상을 참고했으나, 결국 다른 회사의 코어밸류와 인재상이 좋아보인다 한들, 우리 회사만의 이야기로 고민하지 않고 가져온 문구들은 알맹이 없는 글자들이라는 것을 깨닫는 것은 오래 걸리지 않았다.

'메시지'에 힘이 있으려면 '경험'으로부터 우러나와야 한다. 그리고 회사가 원하는 인재상과 코어밸류는 '대표 또한' 꼭 가지고 있어야 하는 것이다. 대표가 갖고 있지 않거나 지키지 못하면서 회사의 코어밸류라고 하면, 이 또한 말의 힘을 잃기 때문이다. 그래서 처음에 나를 포함하여, 우리 회사에서 함께해 온 팀원들 중 일을 잘한다고 생각하는 사람들의 이름을 먼저 쓰고, 그 사람의 어떤 점이 일을 잘한다고 생각하는 특징인지를 모두 적기 시작했다.

많은 대표들이 나같은 사람 1명만 더 있었으면 좋겠다라는 말을 한다. 나 또한 이런 생각을 할 때가 많은데, 나의 어떤 면이 좋은지, 그리고 나의 어떤 면을 닮은 사람이 왔으면 하는지 등 내가 지니고 있는 특징을 적어보았다.

일단 나는 '멀티플레이어'이다. 첫 직장 생활 시작 때, 규모가 작은 조직에서 일했기 때문에 아나운서로 입사하여 기자, PD의 업무까지 하기도 했지만, 이때 여러가지 일을 경험하고 견문을 넓힐 수 있었던 게 좋은 기억으로 남아 펜기자로 입사를 해서도 평일 텍스트 기사, 주말에 유튜브 기사 등을 편집하며 내가 할 수 있는 능력들을 활용해 커리어를 성장시켰다. 그리고 그 이후로도 맡은 일을 마무리하면, 추가 프로젝트를 제안하여 또 다른 프로젝트들을 성공시켜 나갔다.

이는 곧 '능동적으로 일하는 것'과도 연결된다. 회사에서 시키는 일만 했을 때 그 위치에서 인정받고 성공하는 사람을 본 적이 없기 때문이다. 그리고, 단순히 능동적으로 일하는 것뿐만 아니라 자신의 도전을 '성과'로 만들어 내는 욕심 또한 중요하다. **이는 곧 책임감과 직결되고, 자기 자신에 대한 프라이드와도 직결된다.**

이렇게 업무와 관련해 내가 지닌 특징들 중 좋은 점을 나열하고, 회사에서 일을 잘한다는 생각이 들었던 직원들의 특징을 적어보는 것이다.

모두 적고 나면 두서 없는 것처럼 보이지만, 이 중 많은 이들이 공통적으로 가지고 있는 특징들이 보인다. 우리 회사의 일잘러 특징은 다음과 같이 성리됐다.

〈뉴스의 일잘러 특징〉

· 생각을 실행에 옮기는 사람

· 도전하는 사람

· 성과에 대한 책임감이 있는 사람

· 알잘딱깔센(알아서 잘 딱 깔끔하고 센스있게) 일하는 사람

· 능동적으로 일하는 사람

· 일 욕심이 많은 사람

· 회사의 성장을 함께 고민하는 사람

· 비즈니스 커뮤니케이션(예의/매너)이 가능한 사람

· 하나를 알려주면 10을 아는 사람

· 멀티플레이어

· 데드라인 관리 잘하는 사람

그리고, 이런 특성을 지닌 사람들이 모였을 때, 그들 사이의 공극을 메꿀 수 있는 사람의 특징도 역으로 정리했다.

〈이들을 보완할 수 있는 사람의 특징〉

· 꼼꼼함 / 성실함

· 포용력 있게 어우르는 능력 / 동기부여 / 신중함

이 두 가지가 정리되자 우리 회사의 인재상이 차차 구체화됐

다. 뉴즈의 인재상은 다음과 같다.

〈뉴즈의 인재상〉

1. 회사의 가치관에 공감하고 인격적인 사람

- 회사의 비전을 함께 꿈꿀 수 있는 사람

- 인격적으로 함께 있으면 편안하고 신뢰가 가는 사람

- 대내외 소통 시 비즈니스 매너를 가지고 일할 수 있는 사람

2. 도전정신, 성장 욕구, 성과주의

- 스스로 성장하고자 하고 배우고자 하는 의지가 있는 사람

- 여러 도전을 즐기며 생각하면 바로 실행에 옮기는 사람

- 자기가 맡은 일에 좋은 성과를 내기 위한 욕심이 있는 사람

3. 책임감, 효율성

- 더블체크하며 한 번 한 실수는 되풀이하지 않는 사람

- 팀원의 전반적인 업무도 함께 넓은 시각으로 볼 수 있는 사람

- 자신이 맡은 것은 끝까지 하며 데드라인을 목숨처럼 지키는 사람

- 주변의 도구를 잘 활용해서 효율적으로 일하는 사람

인재상이 정리되자, 인재상의 특징들을 묶을 수 있는 키워드와 함께 코어밸류도 자연스럽게 정리됐다.

〈뉴즈의 코어밸류〉

    1) 회사의 비전 공감   2) 인성   3) 도전정신
    4) 성과주의   5) 책임감

  우리 회사만의 코어밸류와 인재상이 정리되자, 회사와 같이
갈 수 있는 사람들, 그리고 같이 갈 수 없는 사람들이 자연스럽
게 그려졌고, 앞으로 사람을 채용할 때 봐야 할 체크리스트, 인
사평가체계가 자연스레 정리됐다.
  그리고 코어밸류가 정해지자 앓던 이처럼 고민하던 팀원과
깨끗이 결별할 수 있었다. 코어밸류가 없을 때는 이 사람이 우리
회사와 맞는 사람인가 아닌가를 쉽게 판단할 수 없다. 하지만 코
어밸류가 정해지면 명확히 결단이 선다.
  사실 많은 회사의 대표들이 조직 관리 차원에서 공감하는 것
이 '인사가 만사다'라는 것이다. 사람을 뽑을 때, 신중하게 뽑아
야 한다. 회사와 맞는 인재를 뽑아야 한다고 말을 하지만, 면접
자리에서는 모두가 '할 수 있다'고 본인의 가장 좋은 모습을 포장
하여 보여준다. 이 모습을 믿고 뽑았다가 많은 시행착오를 겪는
리더들이 많을 것이다.
  또한, 이 말의 이면에는 좋은 사람을 잘 뽑는 것도 중요하지
만, 회사와 맞지 않는 사람과 빨리 정리하는 것 또한 중요하다는
의미가 있다. 면접 때는 회사와 맞는 인재라 생각하고 뽑았는데

맞지 않아 금방 나가면 조직의 분위기가 금방 흐려지기도 하고, 퍼포먼스가 안 나오는 팀원이 있을 경우 결국 다른 구성원들이 그 일을 떠맡게 되며, 좋은 인재들에게 일이 몰려 스트레스가 커지는 상황이 발생하기도 한다.

수많은 시행착오 속에서 적어도 '회사의 인재상'을 기준으로 채용을 진행하게 되면 채용에서 오는 리스크는 조금씩 줄여나갈 수 있지 않을까?

원온원
: 조직과의 씽크를 맞춰라

"회사의 비전은 100번 공유해도 모자라다"

스타트업 대표들과 저녁을 먹다가 비전 공유의 중요성에 대한 이야기가 나왔다.

사실 나는 입사 온보딩, 워크숍 때 회사의 비전을 공유하지만, 평소에는 자주 언급하지 않는 부류의 대표였다. 자주 언급하지 않는 이유는 크게 두 가지로, '회사 홈페이지부터 강연할 때마다 비전을 이야기하니 이미 알고 있겠거니 짐작하는 것'과 '너무 자주 말하면 꼰대처럼 보일까 봐'였다.

하지만 저녁 식사에서 대표들과 이야기를 하며 느낀 건, 대표가 생각하는 것과 팀원들이 생각하는 것과의 괴리가 생각보다 크다는 사실이었다.

한 척의 배가 있다고 치자. 이 배를 이끄는 선장과 선원들이 생각하는 방향이 같아야 예측할 수 없는 풍파 속에서도 항로를 잃지 않고 배가 항해할 수 있고, 쭉 가다 보면 속도와 상관없이 언젠가는 목적지에 도착할 것이다. 하지만, 배에 있는 선장과 선원들이 모두 각기 다른 방향을 보고 있다면, 그 배는 어디로 나아갈까. 어영부영하다가 풍파를 마주하면 침몰하기 십상이다. 이끄는 배가 무사히 순항하여 목적지에 도착하려면, 배에 탄 선원들과 같은 방향을 바라봐야 하고, 같은 방향을 바라보기 위해서는 회사의 비전, 코어밸류, 인재상을 끊임없이 공유해야 한다. 그리고 이는 1:1, 원온원 미팅으로 진행하는 게 가장 효과적이다.

원온원(1 on 1) 미팅은 리더(매니저 또는 팀장)가 팀원과 함께 업무나 경력 개발, 성장에 대해 1대1로 깊이 있는 대화를 나누는 것이다.

타운홀 및 전체미팅 때 전직원을 대상으로 말하는 것만으로도 충분하지 않나라고 생각할 수 있지만, 우리가 학생 때 대형 강의로 수업을 들을 때와 교수님과 1:1 면담을 할 때 메시지에 대한 집중도가 달랐던 것을 알 수 있을 것이다.

원온원 미팅은 단순히 커피챗 혹은 면담과는 다르다. 면담과

멘토링은 리더가 주도권을 가지고 진행을 한다면, 원온원은 팀원이 말하는 비중이 더 크다는 차이점이 있다. 그리고 면담이나 커피챗은 필요 상황이 있을 때, 요청에 의해 비정기적으로 진행된다면, 원온원 미팅은 주1회, 격주 1회와 같이 주기적인 시간이 정해져 있어야 한다.

여기까지 읽으면 내가 사업하기도 바쁘고, 미팅하기도 바쁜데 모든 조직원들과 1:1로 주기적으로 미팅을 해야 하나 확 부담감이 올 수도 있다.

안 그래도 바쁜 리더라는 자리에 있으면서 정기적으로 조직원들과 원온원 미팅을 해야 하다니…. 하지만, 그렇기 때문에 더더욱 해야 한다.

선원들을 돌보지 못한 탓에 갑자기 배가 엉뚱한 섬에 표류되면 안 되는 것 아닌가. 우리는 배를 이끄는 선장이라는 것을, 그리고 선원들과 같은 방향, 같은 속도로 가고 있는지를 잊지 않고 계속 캐치업 해야 한다.

실제 갤럽의 연구에 따르면 정기적으로 리더와 미팅한 구성원들은 약 3배 더 높은 몰입도를 보이는 것으로 나타났다. 높은 몰입도와 성과 및 생산성의 상관관계는 굳이 말하지 않아도 모두 알 것이다.

성과 관리 프레임워크 'OKR'의 창시자이자 인텔 전 대표 앤디 그루브(Andy Grove)는 저서 《하이 아웃풋 매니지먼트》에서 "한 번의 원온원 미팅으로 구성원 업무의 질을 2주 이상 높일 수 있다"며 "하루에 몇 번 나누는 짧은 대화가 아닌, 원온원을 꼭 진행해야 한다"고 강조했다.

글로벌 경영 컨설턴트 및 실리콘밸리의 유명 CEO들은 정기적인 원온원 미팅에 대한 효과를 다음과 같이 이야기한다.

1) 리더와 팀원 간 신뢰 관계 형성
2) 업무 방향성 유지 및 퀄리티 향상
3) 리더와 팀원이 함께 상호 성장
4) 팀원의 업무몰입도 향상
5) 높은 몰입도로 인한 높은 성과

물론, 리더들이 바쁜 것은 누구보다 잘 알고 있다.

그런데 리더들이 바쁜 와중에 가장 스트레스 받는 부분으로는 '일'이 아닌 '사람' 이슈를 꼽는다. 신입 잘 뽑아서 키웠는데 이직한다고 하거나, 처음에는 회사와 방향성이 맞는 인재였는데 어느 순간부터 기계 속 부품처럼 수동적으로 일하는 노동자가 된다거나, 회사의 비전·가치관을 제대로 이해하지 못하고 삽질

하며 시간을 빼앗는 팀원 등 조직관리를 힘들게 하는 이슈들은 도처에 널려 있다. 원온원 미팅을 통해 위 상황을 조금이라도 줄이고 개선할 수 있다면, 그 어떤 일보다도 값진 시간일 것이다.

그렇다면, 어떻게 원온원 미팅을 진행해야 할까? 원온원 미팅을 할 때는 이 세 가지만 참고하면 된다. (출처 : 한경 비즈니스 〈백재영의 경영전략〉)

1. 시간(Time)
2. 장소(Place)
3. 목적(Objective)

첫 번째는, 시간이다. 앞서 일반적인 커피챗, 면담과의 차이점으로 언급하기도 했다.

원온원 미팅은 일주일에 한 번, 혹은 격주로 한 번과 같이 정기적으로 진행하는 것이 좋으며, 회당 30분~1시간 사이의 충분한 시간을 갖는 것이 이상적이다.

실제로 많은 실리콘밸리 대표들이 원온원 미팅을 진행하며, 메타 대표 마크 저커버그도 좋은 비즈니스 관계를 유지할 수 있는 이유 중 하나로 '원온원 미팅'을 꼽기도 했다.

30분 이내로 이야기하면 충분한 이야기를 들을 수 없고, 1시간 이상 이야기하면 원온원 면담이 너무 부담스러워지기 때문에 30분에서 1시간 이내로 시간을 잡는 것이 가장 이상적이다.

두 번째는 '장소'다. 원온원 미팅은 사무실이 아닌 다른 공간에서 하는 것이 좋다. 같은 건물에 있는 작은 회의실도 좋지만, 원온원 미팅 루틴이 잡힐 경우 가끔 사무실을 벗어나 다양한 장소에서 만나보는 것도 좋다. 편안하고 솔직하게 이야기할 수 있는 장소로 잡는 게 좋다.

세 번째는 '목적'이다. 원온원의 목적은 '구성원의 성장'이다. 구성원의 성장을 목표로 현재 상황과 관심사를 파악함으로써 업무에 몰입할 수 있는 환경을 만드는 것이다. 궁극적으로는 구성원의 성장을 통해 회사도 함께 성장하고자 하는 것이다. 그리고 리더는 원온원 미팅 내용을 요약하고 정리하여, 다음 원온원 때 지난 미팅 내용이 이어지고 있는지 꾸준히 캐치업해야 한다.

무엇보다도, 원온원 미팅은 대표나 리더가 말을 많이 하는 게 아니라, 팀원이 말하는 비중이 70% 이상일 때가 가장 이상적이며, 미팅에 참여하는 리더는 팀원이 다양한 답변을 할 수 있게 '개방형'으로 질문을 하는 것이 좋다. (출처 : https://www.small-improvements.com/resources/1-on-1-meetings/)

여기까지 읽어보면, 원온원 미팅이 중요하다는 건 알겠는데,

어떻게 질문해야 할지 막막할 것이다. 그래서 원온원 미팅에 하면 좋을 질문을 정리해 봤다.

아래는 내가 원온원 미팅 때 주로 하는 질문이다.

1. 현재 회사에서 이루고 싶은 비전이 있나요? 혹은 인생의 비전이 있나요?
2. 지금 하고 있는 일 중 자신의 커리어나 비전에 가장 잘 맞는 일과 그렇지 않은 일은 무엇인가요? 왜 그렇게 생각하나요?
3. 회사 내에서 A님의 비전·커리어 달성을 위해 해보고 싶은 일이 있나요? 제가 어떻게 도움드릴 수 있을까요?
4. 회사의 전략 방향에 대한 A님의 의견이 궁금합니다. 어떤 점이 가장 동의가 되고 어떤 점이 가장 동의가 어려운가요? 왜 그렇게 생각하셨나요?
5. 저의 매니징과 관련된 A님의 의견이 궁금합니다. 저의 매니징 방식 중 가장 마음에 드는 부분은 무엇이고 개선이 필요한 점은 무엇일까요? 왜 그렇게 생각하셨나요?

(출처 : CLAP)

모두 한 번쯤 이런 경험이 있을 것이다. 회사에 잘 적응하고 만족하며 일하고 있다고 생각했던 팀원이 갑자기 찾아와 회사를 그만두고 싶다고 말했던 날. 분명 최근 면담 및 커피챗에서는 아무 이슈가 없었던 것 같은데, 갑자기 무슨 일이지 싶은 생각이 들 것이다.

혹은 당연히 회사의 비전을 알며, 본인의 업무를 명확히 파악하고 있을 것이라 생각했는데, 전혀 생뚱맞은 생각을 하고 있던 팀원을 본 경우도 있을 것이다.

나 또한 잘 적응하고 업무에 만족하며 지내고 있을 거라 생각했던 팀원이 갑자기 퇴사 의사를 밝히거나, 본인의 업무에 대해 상세히 정리를 해줬는데도 다른 일을 하며 시간을 허투루 보내는 있는 팀원을 봤다. 이런 팀원들을 겪으며 마이크로매니징을 하게 됐던 순간도 있었으나, 리더가 실무에 마이크로매니징을 시작하면 큰 그림을 볼 수 없다는 후폭풍이 몰려온다는 것은 이미 다들 잘 알 것이다.

그러면 어떻게 하면 마이크로매니징을 하지 않고도, 모두가 각자의 업무에 대해 회사와 씽크를 맞추며 책임감을 가지고 일할 수 있을까. 어떻게 모두가 한 방향을 보고 함께 나아갈 수 있을까. 여기에는 비책이 없다. 결국은 구성원과의 '대화'가 답이다.

돌이켜보면, 함께 오래 가고 싶은 팀원이라면 면담이나 커피 마시면서 하는 대화에서 나아가, 더 깊게 그의 현 상황과 심리,

고민, 나아가고자 하는 방향을 살펴봤어야 하는 게 아닐까.

함께 가고 싶었는데, 돌보지 못해 이미 떠난 사람은 붙잡을 수 없다. 하지만, 현재 함께 하고 있는 팀원, 그리고 앞으로 또 올 좋은 인재들과 오래 함께 가고 싶다면, 이제는 조금 더 적극적으로 팀원의 상황과 성장에 관심을 가져야할 때다.

그리고 실제로 원온원을 해본 결과 내가 생각하고 있던 것과 팀원이 생각하고 있던 것 사이에 괴리가 있을 때를 종종 발견할 수 있었고, 그 간극을 줄여가면서 훨씬 팀원들이 회사의 방향과 얼라인하여 퍼포먼스를 내는 모습도 볼 수 있었다.

간혹 중간관리자가 가운데 팀원과의 사이를 막고 서로 다른 입장을 전할 때도 있었다. 소규모의 스타트업에서도 이런 정치질이 일어나는 것을 보며 현타가 왔을 때도 있었고, 중간관리자의 공포 정치에 질려 울면서 회사를 나가는 케이스도 봤다.

이런 경험들을 하며 느낀 것은, 매일 할 수 없더라도 대표인 내가 조직원들과 적어도 일주일에 한 번씩은 원온원 시간을 갖자는 것이었고, 실제로 대표와 꾸준히 원온원 시간을 나눈 팀원들의 생산성, 성과가 오르는 것을 확인할 수 있었다.

한 명에게 일주일에 한 번씩 시간을 내는 것. 당장은 그 시간을 낼 수 있을까 걱정이 앞서겠지만, 회사와 가치관이 맞지 않는 팀원들과 정리하고 다시 사람을 새로 뽑는 과정, 월급은 받는데 회사의 비전과 가치관을 이해하지 못하고 생산성이 나오지 않는 팀원들을 통해 생산성이 떨어졌던 경험, 회사의 가치관과 맞는 인재가 미션 드리븐을 하는 힘 등을 생각하면 충분히 투자할 수 있는 시간 아닐까?

| 1:1 질문 리스트 |

(팀 리드/C레벨이 구성원과 1:1할 때 활용하기 좋은 질문 리스트)

1. 요즘 하고 있는 일, 성장/재미 측면에서 각각 5점 만점으로 점수 매기고 이유 묻기

2. 최근 한 달간 가장 시간을 많이 쓰고 있는 일 3가지는? 개인과 회사의 성장에 중요한 일에 시간을 쓰고 있다고 생각하나요?

3. 최근 한 달간 성취한 중요한 성과는 무엇이며, 잘하게 된 이유는? 나아가 기회가 생긴다면 더 해보고 싶은 일은 무엇인가요?

4. 자신의 강점을 활용해 나올 수 있는 아이디어 혹은 나라서 할 수 있는 일을 회사에서 하고 있다고 생각하나요?

5. 구성원 간 협업에서 만족스러운 점과 아쉬운 점은?

6. 나 자신이 잘할 수 있는 일, 잘해보고 싶은 일을 하고

있다고 생각하는지. 이유, 역량 개발 부분에서 도와줬으면 하는 일이 있나요?

7. 요즘 잘되어 가고 있다고 느끼는 것 vs 그 반대로 잘되지 않는다고 느끼는 부분이 있나요?

8. 이런 거 잘 모르겠다. 함께 논의해봤으면 좋겠다 하는 부분이나 요즘 하고 있는 고민이 있다면?

9. 당장 시도해볼 수 있는 가장 작은 사이즈의 일은 무엇인가요?

10. 내가 하고 있는 일 중 기존에 해보지 않았던, 새로운 일이 있다면? 혹은 앞으로 시도해보고 싶은 '새로운' 일은 무엇인가요?

11. 커리어가 점점 나아지고 있고, 성장하고 있다고 생각하나요? 무엇을 하면 조금 더 성장할 수 있을까요?

12. 다음 달에는 어떤 일에 집중하면 좋을까요? 왜 그렇게 생각하나요?

13. 사용자와 고객을 위해, 더 높은 명확성과 효율성을 가지고 일하는 데 도움이 되는 것은 무엇이라고 생각하나요?

14. 장기적으로 시장에서 내가 '독점'하고 싶은 키워드가 있다면 무엇인가요?

(출처 : 커리어 액셀러레이터 김나이 페이스북)

회사는 '가족'이 아닌 '프로 스포츠팀'이다

'가족 같은 회사'. 처음 대표의 자리에 서게 될 때 으레 '가족같은 회사를 만들어야지'라는 환상을 품게 되는 경우가 많다. 나 또한 그랬으니 말이다. 나도 사업 3년 차까지는 팀원이 가정사로 힘들다고 하면 개인 사비로 여윳돈을 사용하라며 주거나, 구성원이 더 열심히 했으면 하는 마음에 고가의 선물을 준 적도 있다. 이렇게 마음을 주고 잘해줘도 결국 직장에서 만난 사람은 공적인 관계일 뿐, 그것으로 끝나는 모습을 지켜보며 상처받은 적이 한두 번이 아니다.

특히나 많은 초기 리더들이 선한 마음으로 구성원들에게 잘해주는데, 어느 날 문득 이게 회사인가 동아리인가 싶을 때도 많다고 토로한다. 이런 일련의 과정을 겪으며 모두가 가족같이 화목하게 지내며 성과를 이끌어내면 좋겠지만, 서로가 상처받지 않고 건강한 회사로 나아가기 위해서는 '가족 같은 회사'라는 환상에서 벗어나 '공과 사를 명확히 구분해야 할 필요가 있음'을 깨달았다. 이는 회사를 운영하는 경영진에게도, 회사를 다니는 구성원들에게도 필요하다. 더구나 요즘의 MZ세대는 가족같은 회사를 원하지 않는다. 오죽하면 '가족 같은 회사'를 비속어를 섞어 표현하겠는가.

MZ세대가 가족 같은 회사를 원치 않는 이유는 명확하다. 일단 저성장시대에서 커 온 MZ세대는 집단의 노력 및 희생을 통해 자라온 기성세대와 다르다. '새마을운동', '금모으기 운동' 등 집단을 위해 다함께 희생해 내가 속한 집단, 국가의 위기를 대처하고 빠르게 성장하는 모습을 눈으로 보며 큰 기성세대와 달리, MZ세대는 '평생직장'이라는 것이 없다는 것을 목격하며 자라온 세대이다. 그렇기 때문에, 내가 희생을 한다고 해서 직장이 나를 지켜주고 보호해줄 것이라는 기대를 갖고 있지 않다.

이런 MZ세대에게 인터넷 커뮤니티 사이트에서 '가족 같은 회사'는 다음과 같이 해석된다.

'가족처럼 편안하고 서로 챙겨주는 분위기의 회사다'
⇨ '가족처럼 널 부려 먹겠다. 혹은 진짜 가족 회사'

대가족 시대가 아닌, 핵가족 시대에서 자란 MZ세대는 조직보다 개인을 우선시하며, 명절에도 귀성 대신 해외여행을 하는 비중이 크다. 기성세대가 생각하는 '가족 같은 분위기'와 MZ세대가 생각하는 '가족 같은 분위기'에는 또한 극명한 의미의 차이가 있음을 인정해야 한다.

이제는 과거에 존재했던 '집단공동체 의식'을 강조하는 가족 같은 회사라는 환상에서 벗어나 MZ세대와 함께 생산성을 높일 수 있는 새로운 방법을 고안해야 할 때다.

비단, 이런 가치관의 변화는 국내에만 한정되지 않는다. 링크드인 공동창업자 리드 호프먼 또한 저서 《얼라이언스(The Alliance)》에서 "'가족 같은 회사'는 없다"라고 말한다. "회사는 직원의 충성심을 요구하면서 그 대가인 고용 보장을 약속하지 않고, 직원은 애사심이 있지만 더 좋은 기회가 생기는 순간 바로 이직한다"라며 '가족 같은'이라는 거짓된 관계가 아닌, 회사와 직원 관계를 '동맹(alliance)' 개념으로 보기를 권한다.

넷플릭스 전 최고인재책임자(CTO, Chief Talent Officer) 패티 맥코드가 쓴 책 《파워풀》에서도 넷플릭스는 가족이 아니라 스포츠 팀과 같다고 규정한다. 각 포지션을 최고의 선수들로 채우고, 그들이 맘껏 일할 수 있도록 자유를 주며, 모든 팀원이 어디로 가고 있는지를 알고, 그곳에 가기 위해서 뭐든지 할 때 훌륭한 팀이 된다고 강조한다. 탁월한 팀은 인센티브나 절차, 특전으로 만들어지는 것이 아니다.

넷플릭스의 채용 페이지(Netflix Jobs)에 쓰인 넷플릭스의 문화에서도 "넷플릭스는 가족이 아닌 프로 스포츠팀을 모델로 한다"고 쓰어있다. 가족은 무조건적인 사랑을 주지만, 드림팀에서는 각자 최고의 팀원이 되고자 자기 역량을 극대화하고, 팀을 아주 소중히 여기며, 언젠가 팀을 떠날 수 있다는 사실을 인정한다. 드림팀은 연공서열이나 근속 연수보다 '성과'를 중시한다. 넷플릭스는 이와 같이 '프로 스포츠팀'을 모델로 한다며, '성과'를 중시한다고 회사 컬처덱에 명시한다.

대가족문화, 집단공동체 중심주의권인 우리나라, 혹은 아시아권에서만 '가족 같은 회사' 문화가 있었던 것은 아니다. 링크드인, 넷플릭스 등 미국 실리콘밸리 기반 기업들 또한 이제 가족 같은 회사를 꿈꿔서는 안 된다고 말하는 것을 보면, 동서양을 막론하고 다음 단계로 넘어서야 할 시대가 도래한 것이다.

공과 사를 구분하면 직원뿐 아니라 회사도 편하다. '성과'라는 통일된 기준으로 팀원들을 대하면 되기 때문이다.

이러한 공과 사의 구분은 '업무 메신저 분리'에서 온다. 카카오톡을 업무 메신저로 사용하는 것에 대해 MZ는 오래전부터 불만을 가져왔다. 리서치업체 오픈서베이에서 진행한 국내 20~50대 직장인 1,000명에게 '카카오톡이 업무용으로 사용되는 데 스트레스를 받는가(2021)'라는 조사에 따르면 Z세대의 54.2%, 밀레니얼 세대의 55.4%가 그렇다고 답했다. X세대와, 베이비붐 세대로 연령대가 높을수록 이 비율은 낮게 집계됐다. 카카오톡에 스트레스를 받는 이유로는 '공과 사가 분리되지 않는다'라는 응답이 58%로 집계됐다. 이에 카카오톡에서는 지난 23년 6월, 조용히 단톡방을 나갈 수 있는 '조용히 나가기' 기능을 업데이트하기도 했다.

우리 회사 또한, 슬랙, 노션, 스윗 등 다양한 협업툴을 사용하다가 콘텐츠·크리에이터 스타트업의 특성상 다른 회사와도 비즈니스 협업 건들이 많아, 많은 회사에서 사용하는 슬랙-노션으로 일원화했다. 슬랙은 업무 관련 메시지를 주고 받는 메신저 툴로, 노션은 프로젝트 과정을 팔로업하고 관련 문서들을 아카이빙하는 업무 툴로 사용하는 것이다. 회사마다 회사에 맞는 업무 툴은 따로 있기에 여러 협업툴을 사용해 보고 자사와 가장 맞는 툴을 고르는 것을 추천한다.

물론, 카카오톡으로 편하게 업무 대화를 하다가 다른 협업툴을 쓰는 것은 처음부터 적응하기에는 쉽지 않을 것이다. 그리고 협업툴을 처음 사용하는 구성원들 또한 적응하기까지 시간이 필요할 것이다. 조직원들의 적응을 위해 내부적인 활용법을 정리해놓는 게 좋다. 예를 들어, "1) 2시간 간격으로 슬랙을 꼭 확인할 것, 2) 빠르게 상대의 대답을 받아야 할 경우, '이에 대한 리마인더 받기'로 20분 후 / 1시간 후로 시간대를 설정하여 리마인더 받기 설정, 3) 멘션된 메시지를 확인했을 경우 확인 '이모지'를 꼭 남기기" 등 각 회사의 업무 문화에 맞춰 내부 규정을 정리하여 구성원들이 적응할 수 있게 돕는 것이다. 이렇게 메신저 툴만 구분해도, 조직원들은 공과 사가 분리되는 경험을 할 수 있다.

또한, '성과'를 기준으로 할 때, 이른바 조용한 퇴사(실제 퇴사하진 않지만 정해진 시간과 업무 범위 내에서만 일하고 초과근무를 거부하는 노동 방식)'에 대한 기업과 조직원들의 간극도 줄일 수 있다.

연봉에 맞게 주어진 일을 모두 했으면 퇴근을 해도 터치하지 않는다. 하지만 기대와 함께 맞춰준 연봉에 맞는 과업을 수행하지 못하거나, 맡은 프로젝트를 제 시간 내에 해내지 못하면 그건 회사에서 강요하는 게 아닌, 본인 책임 하에 데드라인에 맞춰 일을 끝낼 수 있도록 업무를 하면 되는 것이다. 리드 호프먼, 그리고 패티 맥코드가 말한 것과 같이 '가족 같은 관계'가 아닌 '동맹'이자 '스포츠팀'과 같은 관계로 정의하면, 생각보다 회사와 구성원들의 관계는 더 깔끔하게 정리될 수 있다. 이제는 회사도, 직원도 가족 같은 회사라는 환상을 벗어던질 준비가 필요하다.

조직원의 성장을
지원하라

"직장은 월급 때문에 다니는 곳이 아니고, 자신의 발전 때문에 다녀야 한다"

고(故) 현대그룹 정주영 회장이 1986년 신입사원 수련대회에서 남긴 어록이다. 그리고 이 말은 30여 년이 지난 지금도 유효한 힘을 지니고 있다.

물론 직장이기에 '월급'도 중요하다. 하지만, '돈'에만 의미를 둘 경우, 직장생활을 보람차게 할 수 없다. 어쩌면 직장의 개념을 '돈 벌 수단'으로만 보는 요즘의 분위기 때문에 조금만 맞지 않아도 다른 일자리를 찾아 떠난다거나, 더더욱 이직률이 잦은 걸 수도 있다.

실제로 첫 직장 평균 근속 기간은 1년 6.6개월로 1년 전보다 0.2

개월 줄어드는 등 계속 짧아지고 있다. 첫 직장을 그만둔 청년층 (15~29세)은 10명 중 7명 수준으로(출처: 통계청) 입사 근속연수가 길지 않은 상황이다. 그리고 앞서도 많이 언급된 것과 같이 연봉보다도 여가 시간, 삶의 질을 '다니고 싶은 직장'의 기준에 반영한 것에서 알 수 있듯, 이제는 '돈'이 아닌 MZ세대가 '무엇을 원하는지'에 집중해야 할 때다.

깨어있는 시간의 거의 절반 이상을 차지하는 직장. 조직은 조직원들에게 월급 외에 어떤 가치를 제공할 수 있을까. 바로 '성장'이다. 업무를 통한 성장, 비즈니스 커뮤니케이션 및 비즈니스 매너의 성장, 실무 능력 개발에 따른 커리어 성장 등 직장에서만 제공할 수 있는 가장 큰 가치 중 하나가 '성장'이기 때문이다.

대학생 인턴들이 회사에 오면 가장 먼저 하는 말이 있다. "학교에서 배운 것과 실전은 정말 다르네요". 소위 연애를 잘 하지 못하는 사람들에게 '글로 연애를 배운 사람'이라는 수식어가 붙는 것과 같이, 이론으로 배운 것과 실제로 실무를 익히는 것은 천지차이다.

돌이켜보면 취준생일 때, 한 번쯤 원하는 직장에 취업할 수 있다면 간절한 마음에 정말 무보수더라도 일을 배우고 싶다는 마음을 가졌던 적이 있을 것이다. 취업난이다, 실업난이다, 이런 분위기가 팽배한 가운데, 간절한 마음으로 모두 첫 직장을 지원하고 합격했을 텐데, 금방 그만둬버리는 그 심리는 무엇일까. MZ세대의 취업에 대한 간절함, 그리고 그 간절함이 무색할 정도로 식어버리는 업무 환경의 간극에는 여러 이유가 있겠지만 '부속품처럼 일하고, 성장할 수 없는 환경'이 조성돼 있지는 않은지 되돌아 볼 필요가 있다.

취업포털 '사람인'이 기업을 대상으로 '1년 이내 조기 퇴사' 현황을 조사한 결과, 10명 중 3명이 퇴사하며, 전체기업 10곳 중 7곳이 MZ세대의 조기 퇴사가 이전 세대보다 많다고 응답했다. 그리고 이 이유로, '개인의 만족이 훨씬 중요한 세대'라는 점을 꼽았다.

이제 '갓생러'를 꿈꾸며 '대체 불가능한 나 자신'이 되고 싶어하는 MZ세대의 개인의 만족도를 끌어올리기 위해서는, 우리 회사가 단순히 급여만 주는 곳이어서는 안 된다. '성장할 수 있는 기회와 경험'을 제공할 수 있는, MZ세대 조직원들의 성장의 장(그라운드)으로 만들어야 할 필요가 있다. 때문에 조직의 입장에서는 조직원들에게 실무를 통해 성장할 수 있도록 집중하고, 성장에 도움될 수 있는 것들에 주목해야 한다. 아울러 조직원이 성장할 때, 비로소 회사도 같이 성장할 수 있다는 것을 잊어서는 안 된다. 조직원의 성장과 회사의 성장이 함께 가야 시너지를 낼 수 있다.

조직원의 성장을 돕기 위한 방법을 소개하기에 앞서, 채용 과정에서 선순위로 확인돼야 하는 부분이 있다. 바로 회사의 방향성과 개인의 목표가 일치하는지 여부다. 개인이 가고자 하는 방향과 회사의 비전이 일치됐을 때 시너지는 배가 되기 때문이다. 그래서 우리 회사는 채용 시 마지막에 공통적으로 이런 질문을 한다. "'회사 직무와 관계 없이 당신 인생의 궁극적인 목표(Goal)는 무엇인가요?'". 해당 질문을 던지면, 실무적인 질문에서는 술술 답하던 사람들도 멈칫할 때가 많다. 그럴 때면 직업과 관계없이 어떤 삶을 살고 싶은지 묻고, 개인의 삶의 목표와 가치관이 회사의 비전 및 방향성과 일치하는 인재인지, 아닌지 구분하는 것이 장기적인 관계성을 가져가는 데에 도움이 된다.

예를 들어, 뉴즈는 숏폼 정보성 콘텐츠 제작 및 크리에이터 사업을 하는 회사인데, '숏폼'이라는 키워드에 집중해 챌린지·밈에 관심을 가진 지원자보다는 '교육·정보성 콘텐츠'에 관심을 가지고 있는 지원자가 우리 회사와 더 잘 맞는다. 나아가, 회사의 비전과 본인의 방향성이 맞는 경우, 실무적인 경험이 본인이 하고 싶은 일에 대한 자아 실현과도 연결돼 업무적인 성장을 넘어 개인의 삶에서 질적인 성장도 함께 가져갈 수 있다.

이렇게 채용 단계에서 회사의 비전과 개인의 비전이 일치하는 조직원을 뽑았다면, 이 조직원이 어떻게 회사 안에서 성장할 수 있을지 다음 3단계를 실천해보는 것을 권장한다.

1. 실현 가능한 목표를 함께 설정하기

2. 업무에 필요한 도움 제공하기(힘든 부분은 없는지, 어떤 도움이 필요한지, 직접적인 도움 제공 / 멘토를 찾아 도움주기)

3. 회고하고 피드백하기, 레슨런

먼저, 실현 가능한 목표를 함께 설정하기

장기적으로 지속가능하게, 함께하기 위해서는 주도적으로 업무를 할 수 있도록 구성원(실무자)에게 열쇠(KEY, 주요 책임)를 주는 것이 바람직하다. 처음부터 무리한 목표를 세워 실패의 경험을 주는 것보다, 본인의 업무에 대해 본인이 주도적으로 목표를 세워 이끌어 갈 수 있게 했을 때 작은 성공의 경험들을 차곡차곡 쌓아나가, 업무에서의 자아효능감을 느낄 수 있기 때문이다. 그리고 작은 성공이 쌓여 만들어진 자아효능감은 업무에 대한 자신감을 키우는 데에 큰 역할을 할 수 있다. 물론, 이 과정에서 목표에 너무 챌린지가 없을 경우 리더 입장에서 조율하며 맞출 수 있지만, 이 과정에서도 열쇠는 구성원이 가지고 있다고 느낄 수 있도록 조율하는 것이 중요하다.

두 번째로, 업무에 필요한 도움 제공하기

업무 진행 상황을 팔로업 하며, 힘든 부분은 없는지, 어떤 도움이 필요한지, 어디서 막히는지 구성원과 대화 후, 업무를 이어나갈 수 있도록 도움을 제공하는 것이 필요하다. 이 도움은 직접적인 도움이 될수도, 간접적인 도움의 형태가 될 수도 있다. 리더가 답을 줄 수 있거나 사내의 다른 구성원을 통해 제공할 수 있는 도움이면 업무를 추진해 가도록 직접적인 도움을 줄 수 있고, 회사에서 줄 수 없는 경험이라도 회사에서 지닌 주변의 네트워크 풀을 활용하여 멘토를 찾아 간접적인 도움을 줄 수도 있다. 업무와 관련된 책을 제공하거나 온라인클래스, 강연을 제공하는 것도 하나의 방법 중 하나다.

세 번째로, 회고하고 피드백하여 레슨런 파악하기

모든 업무, 도전, 과정에는 배울 수 있는 '레슨런'이 있다. KPI를 달성했다면, 달성할 수 있었던 요인에 대해 배울 수 있고, KPI에 크게 달성하지 못했더라도, 달성하지 못했던 이유를 찾으며, 다음에는 바꿔볼 수 있는 요인을 파악할 수 있다.

하지만, 회고와 피드백, 레슨런을 파악하지 않으면, 프로젝트가 성공하지 못했을 경우, 이는 '배움'으로 끝나는 게 아닌, '실패'로 끝나는 경험을 안기는 것이다. 때문에 구성원들이 끊임없이 성장하고 있다는 효능감을 느낄 수 있게 업무에 대한 회고와 피드백을 통해 레슨런을 파악하는 것이 중요하다.

조직원이 성장하지 않는데, 회사만 성장하는 경우는 없다. 조직원의 성장과 회사의 성장은 함께 가는 것이다. 그리고 그 성장의 과정에서 시너지가 날 때, 우리는 기대하지 못했던 놀라운 성장을 이룰 수 있다. 회사의 성장을 위해, 조직원들의 성장에 관심을 갖고, 본인이 업무로서의 효능감, 성장을 느끼고 있다면 그 회사는 머무르고 싶고, 더 기여하고 싶은 회사로 조직원의 마음에 자리잡을 것이다.

Chapter.4

High Output
–
MZ 리더의 특성

갓생 루틴
: 하루를 3일로 살기

내 몸이 열 개였으면, 혹은 하루를 3일로 살 수 있다면 얼마나 좋을까 한 번쯤 생각해본 적이 있을 것이다. 해외 명문대를 졸업해 100억 대의 자산가가 된 지인은 공부하고 싶은 것, 읽고 싶은 논문이 너무 많아 자는 시간이 아깝다며, 잠을 자지 않아도 숙면 취한 것과 같은 약이 만들어졌으면 좋겠다는 말을 하기도 했다.

시간은 누구에게나 똑같이 24시간으로 한정이 돼 있고 아무리 돈이 많아도 시간은 살 수 없다. 몸을 두 개로 복제할 수도 없고, 시간도 남보다 몇 배로 살 수도 없다.

하지만 우리는 '갓생'을 살 수는 있다. 갓생은 신을 뜻하는 '갓 (God)'과 '인생'의 합성어로, '매일 계획을 세워 성실하게 살아간다', 혹은 '누구보다도 부지런하고 열심히 사는 인생'을 뜻한다. 그리고 이런 갓생을 사는 '갓생러'들은 분명 같은 24시간을 더 효율적이게 살아가고 있다. 물론 사람마다 각자의 차이는 있다. 새벽 5시에 하루를 시작하는 미라클 모닝도 있고, 저녁 시간을 활용해 커리어 성장을 위해 공부 및 자기계발 활동을 하는 사람들도 있다.

시간을 효율적으로 쓸 수 있는 여러가지 방법 중 내 눈길을 끌었던 것은 '하루를 3일로 사는 방법'이었다.

〈월 스트리트 저널〉 베스트 셀러 1위 《한 번 더 힘》의 저자이자, 포브스 선정 '50세 이하 최고 부자 50인'에 이름을 올린 억만장자 에드 마일렛이 추천한 루틴으로, 24시간을 72시간으로 활용하는 것이다. 바로 하루를 3분할하여 3배로 늘리고, 생산성 또한 3배로 늘리는 방법으로, 아래와 같이 하루 24시간을 6시간씩 3일로 나누는 것이다.

- 첫 번째 하루 : 오전 6시 ~ 정오
- 두 번째 하루 : 정오 ~ 오후 6시
- 세 번째 하루 : 오후 6시 ~ 자정

첫 번째 하루는 '사업, 운동, 관리 등 생산적인 일을 하는 시간', 두 번째 하루는 '6시간 동안 내가 놓친 것과 더 효율적으로 움직이는 방법을 생각하는 시간', 내가 지난 6시간 동안 무엇을 했고, 무엇을 놓쳤는지 톺아보며 성찰을 하는 시간이다. 그리고 세 번째 하루는 '다시 생산적인 일을 하는 시간'으로, 3분할로 나눠진 하루를 각 시간대에 맞게 집중해 생산성을 3배로 늘리는 것이다.

그렇게 한 달이 지나면 남들보다 앞에 서있고, 1년이 지나면 남들보다 3배 성장되어 있고, 5년이 지나면 엄청난 격차가 벌어져 있을 것이다. 시간과 노력은 성장을 배신하지 않기 때문이다.

이렇게 하루를 보내고 나면 매일매일 '하루의 주인'이 될 수 있고, '최대한의 노력'을 쏟아부은 경험은 '용기'를 선물해 준다.

단순히 열심히 일을 하는 게 아니라, 시간을 효율적으로 활용할 수 있는 '72시간으로 살기'에 꽂힌 나는 함께 위 루틴을 신청할 수 있는 사람들을 모아 '갓생루틴 프로젝트'를 시작했다. 커뮤니티 이름은 'With Me Time'. 현생으로 정신없는 하루를 살아가더라도, 시간의 주인이 되어 나를 챙길 수 있는 시간을 만들고, 성장하자는 의미를 담았다.

이와 같은 루틴 형성은 소규모의 인원들과 함께 4주 정도 사이클이 몰입하기에 좋기에, 기수별로 나누어 스타트업 씬, 그리고 크리에이터 씬에 있는 사람들을 소수 선정하여 갓생러 커뮤니티를 운영하기 시작했다.

대부분 직장생활을 하고 있는 이들이기에 아침형 인간이 아닌 이상, 새벽 6시에 일어나는 게 오히려 스트레스를 줄 수 있다는 생각에, 기상 시각은 각자 원하는 시각으로 정하여 세팅하고, 하루를 3분할로 구분해 효율적으로 쓰는 게 목표였다.

이렇게 〈갓생루틴〉 커뮤니티를 운영하다 보니, 새벽 6시에 헬스장을 가서 운동하는 사람, 요가 매트를 깔고 홈트를 하는 사람, 독서를 하는 사람, 아침 등산을 하는 사람 등 다양한 일상을 볼 수 있었고, 건강한 자극을 받을 수 있었다. 그리고 나 또한 갓생루틴 프로젝트를 하며 주말에만 할 수 있었던 운동, 독서와 같은 것들을 매일 할 수 있게 되자 업무 효율이 부쩍 올랐다.

콘텐츠 스타트업 대표여서 그런지, 나는 창업 이래로 4년 가까이 '인풋'보다 '아웃풋'을 쏟아내는 시간을 보냈다. 콘텐츠를 만들어야 하고, 숏폼 컨설팅 및 아카데미로 내가 가진 인사이트로 강연을 하고, 《틱톡, 숏폼으로 브랜딩하다》 책을 쓰고, 초기창업패키지 & 창업도약패키지 등 정부지원사업에 선정되기 위해 회사 자료를 만들고 발표하며, 선정 후 최우수 기업으로 선발되기 위해 성과를 만들어내고…

내 모든 걸 쏟아내고 만들어내는 것만으로도 시간이 부족해 '인풋' 없이 '아웃풋'만 쏟아내는 상황이 서글프기도 했다. 그동안 아나운서, 기자 등 대표가 아닌 실무진으로 있었을 때는 영화도 보고 책도 읽고, 전시회도 보고 여가 시간을 활용해 머리 속에 다양한 인풋을 넣고, 이를 통해 생산성을 만들어 낼 수 있었기 때문이다.

하지만, 대표는 처음이라 마냥 불태우기만 하며 열심히 아웃풋만 만들어가고 있던 시점에 하루를 3분할로 나눠 생산성을 높일 수 있는 방법을 발견해 독서를 통한 인풋과 회고도 할 수 있는 시간들이 생기자 업무 효율성이 눈에 띄게 올랐다.

정리하자면, MZ세대의 리더들이 공통적으로 갖추고 있는 특징은 '갓생'을 살아가고 있다는 것이며, 미라클 모닝, 하루 72시간으로 살기 등 자신만의 '갓생루틴'을 지니고 있다는 것이다.

빠르게 변화하는 현 세상 및 기술에 적응하기 위해서는 끊임없는 변화와 도전에 적극적으로 대응해야 하며, 하루가 다르게 발전되고 있는 기술 및 툴도 적극적으로 배워나가야 한다.

이를 위해 시간을 효율적으로 활용해야 하고, 시간을 효율적이게 활용하려면 자신만의 루틴을 만들며, 시간을 어떻게 활용할지 목표를 명확히 설정하고 우선순위를 정해야 한다.

일상적인 업무나 활동을 체계적으로 계획하고, 자체적으로 스케줄을 관리하며, 이러한 루틴들이 차곡차곡 쌓이면 똑같은 24시간을 허투루 낭비하지 않고 효율적이게 보내는 사람들의 1년 뒤, 5년 뒤, 10년 뒤의 무대는 완연히 다를 것이다.

'그릿(Grit)'이
있는 사람

기자를 하며 만났던 성공한 사람들은 다양한 양상을 띠고 있었다. 에너지가 넘치는 사람도 있는 반면, 조용한 사람도 있었고 외향적으로 비즈니스를 펼쳐나가는 사람도, 내향적으로 긴밀하고 밀도 있게 사업을 이끌어가는 사람도 있었다. 300명의 크리에이터를 양성하고 MCN사업을 하며 만난 성공한 크리에이터들 또한 각양각색이다. 수많은 사람들이 각각 다른 특징을 지녔지만, 일관되게 공통되는 특징이 있다면 바로 '그릿(Grit)'이 있다는 것이다.

그릿은 미국의 긍정심리학자 앤젤라 더크워스가 개념화한 용어로 '성공과 성취를 끌어내는 데 결정적인 역할을 하는 투지 또는 용기'를 뜻한다. 조금 더 풀어서 말하자면, 단순히 열정과 근성만을 의미한다기보다는, 담대함을 지니고 낙담하지 않고 '목표를 해낼 때까지 매달리는 끈기' 등을 포함한다.

목표한 바를 열망하고 해내는 열정과, 난관이 닥쳐도 포기하지 않고 목표 달성을 위해 노력하는 끈기의 힘, '그릿'이 있다면 평범한 지능이나 재능을 가진 사람도 최고의 성취를 이룰 수 있다는 뜻을 담고 있다.

내 지인들은 나를 떠올리면 '항상 열심히 하는 사람'으로 떠오른다고 말한다. 언제나 열정적으로 모든 일에 최선을 다하는 사람. 내가 어떻게 매사에 열심일 수 있었을까 돌이켜보면, IMF 경제위기, 서브프라임모기지 등 경제위기로 인해 집이 휘청일 때마다 4남매 중 맏이로서 내가 할 수 있는 위치에서 최선을 다해야한다는 신념이 어려서부터 자연스레 잡혔던 것 같다. 내 위치에서 최선을 다해야 우리 가족이 위기를 벗어나 조금 더 풍요로워질 수 있다는 생각이 잡혔기에, 학생 때는 학생 신분으로 최선을 다할 수 있는 '공부'에, 대학생 때는 장학금을 받을 수 있도록 성적을 관리하며 학생 때 해볼 수 있는 다양한 동아리 및 대외활동 등 경험을 쌓는 것에, 취업을 하고 나서는 직장에서 나의 커리어로 인정받을 수 있도록 나의 일에 전념을 하고 최선을 다해 열정을 불태울 수 있었다.

사업을 하는 지금도 나를 믿고 우리 회사에 와준 고마운 동료들과 크리에이터, 투자자들을 위해, 그리고 우리 콘텐츠를 사랑하는 유저 및 팔로워를 위해 더 열심히 달리고 있다. 중학생 즈음부터 자연스럽게 잡힌 그릿 정신은 삶의 태도가 되어 '안 되는 게 어디있냐'는 마음으로 무엇이든 도전하고 부딪힐 수 있는 힘이 생겼는데, 이 힘은 내 실력과 커리어를 쌓아나갈 때 너무 중요한 자양분이 됐다.

IT기자를 하며 블록체인 최고의 기자상을 받았을 때, 테크런치 공동창업자 마이클 애링턴, 갤럭시 디지털 마이크 노보그라츠 등 전 세계 글로벌 연사들을 만나 단독인터뷰를 진행해, 국내를 넘어 워싱턴포스트 등 글로벌 외신들이 내 기사를 인용한 것과 관련해 많은 사람들은 내가 영어를 잘하거나, 유학 경험이 있을 것이라 생각했다. 하지만 나는 유학은 커녕 교환학생 경험도 없던 순수 국내파 출신으로, 영어를 잘 하지 못하지만, 한국에 글로벌 연사들이 왔을 때 취재 기회를 잡아야 한다고 생각해 미리 질문들을 모두 번역기로 준비해 가 기회를 얻었고, 녹음된 내용들을 실시간으로 정리하고 번역하여 기사로 써내곤 했다. 기사를 많이 쓸 때는 하루에 7개씩 쏟아냈고, 출고된 기사들은 모두 내 자부심으로 자리잡았다.

퇴근을 하고 집에 가다가도 중요한 이슈가 눈에 띄면 전철에서 내려 벤치, 벤치에 자리가 없으면 바닥에 앉아 노트북을 켜서 속보를 썼고, 휴가 중 해외 여행을 하다가도 내가 다룰 수 있는 단독 기사가 있을 경우 기사를 쓸 수 있는 장소를 찾아 냅다 기사를 써 편집장에게 보냈다.

가장 기억에 남는 일화는 휴가를 내고 이탈리아에 여행을 가서 바티칸을 구경하던 중, 가상자산 '트론'의 창업자 저스틴 선이 '워런버핏과의 점심' 경매에 낙찰되었다는 소식을 접한 것이다. 가상자산 대표와, 가상자산에 부정적인 워런버핏과의 인상 깊은 만남이었다.

이때 해외 컨퍼런스에서 저스틴 선 대표와 단독으로 인터뷰했던 인연을 기억해 메신저로 선 대표에게 바로 워런버핏 점심 경매에 대해 어떤 이야기를 할 것이며, 어떤 계획을 지니고 있는지에 대해 묻고, 답변을 얻어 <[단독 인터뷰] '워런버핏 점심식사' 주인공, 트론 저스틴 선…무슨 이야기 나눌까>에 대한 기사를 낼 수 있었다. 바티칸 구경 중 접한 소식이라 구석에 앉아 스마트폰으로 기사를 써내려가 편집장님께 데스킹을 받고 출고했던 기억이 새록새록 하다.

이처럼 올바른 정보를 알리고, 사람들이 궁금해하는 내용을 취재하여 전하는 일에 깊은 성취감을 느꼈기에, 밤낮, 주말, 휴일 없이 몰입하여 즐겁게 일할 수 있었다. 그리고 내 일에서 열심히 했을 뿐인데, '기획 기사상', '최고의 기자상' 등을 수상하며 기대하지 않았던 성과까지 거둘 수 있었다.

이와 같이 목표를 위해 해낼 때까지 매달리는 끈기는 그 어느 때보다도 MZ세대에게 중요한 덕목이 되고있다. 먼저, 현대 사회는 기술 및 환경의 변화로 급변하므로 불확실성이 높은데, 그릿 정신이 있는 사람은 이러한 불확실한 환경에서도 꾸준히 노력하고 성공을 이뤄낼 수 있는 역량을 지니고 있기 때문이다. 특히나 산업의 구조가 바뀌고 '올라운더' 인재를 선호하는 취업 시장의 변화 틈에서 새로운 환경에 적응하고 도전할 수 있는 그릿 정신이 있다면 어떤 상황에서든 성장할 수 있기 때문이다.

또한, 그릿이 있는 사람은 단기간에 성과를 얻는 것보다 오랫동안 꾸준히 노력하여 성취하는 것을 선호한다. '업'과 '일'은 장기적인 목표를 세우고 한 계단씩 달성함으로써 성취감을 느낄 때 비로소 탄탄한 자아효능감으로 이어질 수 있으며, 회사와도 더 건강한 관계를 이어나갈 수 있다.

특히나, 요즘같이 불확실성이 만연한 시대에는 도전하고 실패하는 용기가 필요하다. 성공뿐 아니라 실패도 일찍이 경험하고, 그 실패에서 교훈을 얻을 수 있는 능력이 중요한데, 그릿이 있는 사람들은 실패를 두려워하지 않고 도전하며, 실패를 통해 성장할 수 있다는 내면의 힘을 지니고 있다. 나아가, 그릿이 있는 사람들은 자기주도적으로 학습하고 지속적으로 개선하고자 하는 의지가 있다. 이는 곧 '일의 주인'이 되어 일을 할 수 있다는 것을 뜻한다.

마지막으로 가장 중요한 건 '그릿 정신'이 있더라도, 이 그릿이 어디에 향해 있는지를 봐야 한다. '그릿'이 개인에게만 향하면 좋은 인재, 좋은 리더라고 할 수 없다. 그 집념과 끈기가 자신에게만 몰입될 수 있기 때문이다. 그래서 그 그릿이 조직, 회사에 향할 수 있는 사람인지, 나아가 타인에게 향할 수 있는 사람이어야 비로소 좋은 인재, 좋은 리더의 특징을 지녔다고 볼 수 있다.

대체 불가능한
인재

80억 명 중 유일한 단 하나의 존재. 어쩌면 심오할 수도 있는 이 개념을 나는 생각보다 일찍 깨달았다. 좋아하는 연예인 혹은 워너비 연예인의 스타일을 따라 하고 좇기 쉬운 학창시절, 즐겨보던 웹툰에서 이 문장을 만났기 때문이다.

"지구가 몇억 번 돌아도 너랑 똑같은 사람은 절대 다시 태어나지 않아. 이런 얼굴에, 이런 성격에, 이런 말투를 가진 사람은 오직 이 세상에 너 하나뿐이야. 네 존재 자체가 그 무엇보다 소중한 거야."

나의 기준이 외부에 있으면 마음에 안 드는 것을 찾기가 쉽다. 끊임없이 타인과 비교하며 만족하기 쉽지 않기 때문이다. 하지만 나는 비교적 어린 나이에 위 문장을 만나면서 인생의 진리를 깨달은 기분이었다. '맞아, 이 세상에 나와 같은 얼굴, 성격, 이런 말투를 가진 사람은 80억 명 중 단 한 명이야.'

이후 나는 '대체 불가능한 단 한 명'이라는 사실에 힘을 얻어 아나운서, PD, 기자로 커리어를 쌓고, 중간에는 일을 쉬고 산티아고 순례길 300km를 걸으며 나를 찾는 시간을 가졌다. 그럴 때마다 "한 커리어만 집중적으로 파는 게 안전하지 않냐, 왜 잘 다니던 직장을 그만두고 순례길을 걸으러 간 거냐"와 같은 주변의 우려와 사회적 잣대에 흔들리지 않고 나만의 길을 걸어가며 서서히 대체 불가능한 인재로 성장할 수 있었다.

사실, 2~3년에 한 번씩 커리어를 바꾸는 여정은 쉽지 않았다. 경력이 어느 정도 쌓였는데, 같은 미디어 산업이어도 아나운서, PD, 기자는 엄연히 다른 직업이기에 새로운 직업에 도전할 때마다 막내, 신입으로 입사해 다시 원점에서 배우고 시작했다. 그래도 이 도전이 가능했던 이유는 산티아고 순례길 300km를 걸으며 '난 왜 언론인이 되고 싶은가', '언론인이 돼야만 한다면, 어떤 언론인이 되고 싶은가' 이 두 가지에 대해 끊임없이 질문하고, 산티아고 길 끝에서 '앞이 보이지 않고 막막한 사람들에게 적어도 방향을 제시할 수 있는 언론인이 되자'라는 답을 찾았기 때문이다.

내가 가고자 하는 명확한 목적 아래서 도전했던 나의 커리어 여정은 창업 전 마지막 직업이었던 '기자'를 할 때 대체 불가능한 인재의 힘을 보여줬다. 내가 IT업계에서 인터뷰 기자로 자리를 잡을 수 있었던 것에 나의 사교성과 취재를 위한 열정이 큰 이유 지 않을까 생각하는 사람들이 많았다. 나 또한 마찬가지였다.

그러던 어느 날 인터뷰이가 내게 이런 말을 했다.

"기자님 이야기 많이 들었어요. 기자님이 나오는 유튜브가 따로 팀이 있는 게 아니라, 기자님이 삼각대와 카메라 한 대씩 들고 와서 진행하고 직접 편집까지 한다고요. 그래서 기자님은 꼭 만나봐야겠다 싶었죠."

따로 제작팀이 있을 거라 생각했던 영상 인터뷰가, 알고 보니 진행하고 인터뷰하는 기자가 낑낑대며 들고 와 삼각대에 카메라를 고정시키고, 혼자서 전 과정을 일사천리로 해내는 모습이 업계 사람들에게 감명을 줬었나보다.

나는 사실 아나운서, PD, 기자를 했기에 이 일이 어렵지 않았으나, 내가 만약 아나운서만 했다면, 혹은 PD, 기자만 했다면 이렇게 혼자서 기획, 촬영, 편집, 기사 작성을 해내는 게 쉽지 않았을 거다. 아니, 엄두도 내지 못했을 수도…. 나조차 내가 인터뷰이들을 열심히 섭외해서 좋은 인터뷰이들을 섭외할 수 있었던 것이라 생각했는데, 인터뷰이의 입을 통해 나와의 인터뷰를 응했던 이유를 통해 내가 미처 파악하지 못했던 나의 강점을 알게 됐고, 뭣보다 '내가 굳이 무언가를 말하거나 드러내지 않아도, 이미 내가 하는 행동들로 나의 노력을 사람들이 알아주고 있구나'

라는 생각이 들며 가슴 한 켠이 찡해지는 경험을 했다.

그리고 IT 뉴스를 많은 대중이 보지 않는다는 것에 안타까움을 느껴 더 많은 대중에게 전하고자 시작했던 틱톡 채널이 시작 3주만에 140만 조회수, 틱톡 주간조회수 랭킹 Top5에 들며 K-pop 대부 JYP보다 높은 랭킹을 차지하게 되었고, 틱톡 잘파세대(Z세대와 알파세대의 합성어) 사이에서 "뉴스 대신 뉴즈", "엄마 아빠는 뉴스 보고 저는 뉴즈 봐요"와 같은 슬로건이 생기며 Z세대 타깃 뉴미디어 스타트업 '뉴즈'를 창업하게 된다.

숏폼 시장에서 유일한 테크/미래 트렌드 채널로 자리를 잡으며 창업 1년이 채 되기 전에 틱톡 교육MCN 메이저스를 런칭하게 됐고, 런칭 6개월 만에 틱톡코리아 공식 1위 교육 MCN으로 자리 잡게 됐다. 이제는 틱톡뿐 아니라 유튜브 쇼츠, 인스타그램 릴스까지 확장하게 되며 숏폼 교육 MCN으로 정착했다. 이 여정을 관통하는 키워드가 있다면 '대체 불가능함'이라는 것이다. 메이저스 런칭 이후 숏폼 교육 MCN을 꿈꾸는 후발 주자들이 나타났지만, 모두 수익화를 하지 못하고 금세 사라져, 이제는 숏폼 산업에서 유일하게 정보성/전문가 크리에이터들과 지식 콘텐츠를 전하는 MCN이자 프로덕션이 되었다. 대체 불가능성이 개인을 넘어 회사로까지 이어진 것이다.

이는 회사의 가치관과도 이어져 '메이저스는 어떤 기준으로 크리에이터를 뽑나요?'라는 질문이 있을 때면 '남들의 시선에 휩

쓸리지 않고 자신만의 길을 걸어, 커리어를 쌓아나간 사람들이요'라고 답한다. 그래서 메이저스의 크리에이터들을 보면, 다양한 카테고리의 전문가들을 볼 수 있는데, 이들의 공통점은 자신만의 길을 개척한 사람들이라는 것이다. 대표적인 예로는 면접 프리패스상, 문해력의 상징인 오상진 전 아나운서, 서울대학교/멘사 출신의 지적인 여배우 지주연님부터 《아들아 성교육 하자》, 《지금 해야 늦지 않는 메타버스 성교육》, 《이제는 피할 수 없는 메타버스 성교육》 등 베스트셀러 작가이자 자주스쿨 대표 '성담오빠(이석원 대표)', 150만 리뷰 크리에이터 송송한일상, 포브스코리아 선정 30/30 뷰티 브랜드 르오에스 박정언 대표(정언니) 등이 있다. 이들의 공통점은 성장을 멈추지 않는다는 것과, 자신만의 길을 끊임없이 개척해나간다는 것이다. 그리고 함께 성장할 수 있는 사람들과 교류한다는 것은 더 큰 성장의 길로 나를 이끈다.

그렇다면 '대체 불가능성'은 알겠는데 '인재'는 어떻게 정의할 수 있을까 고민되는 이들에게, 내가 좋아하는 책 중에 하나인 《크래프톤 웨이》의 아래 문장을 추천하고 싶다

"노동자와 인재의 근본적인 차이는 바로 '대체 가능 여부'이다. 노동자는 대체가 가능하다. 그런데 인재는 대체 불가능하다. '대체 불가능함'이야말로 대기업 노동자와 구별되

는 스타트업 인재의 속성이다. 공장에서는 노동자 한 사람이 그만두더라도 공장의 최종 생산물은 달라지지 않지만, 스타트업에서는 인재 하나하나가 자신만의 역할과 특성을 지닌다."

사실, 위 문장에서와 같이 '인재'와 '대체 불가능함'은 떼려야 뗄 수 없는, 자연스레 붙는 수식어라고 생각한다. 그래서 우리는 더욱 인재를 찾고, 양성하는 데에 힘을 써야한다. 인재라면 이미 대체 불가능한 사람이라는 것이니.

성공의 키워드는,
실행력!

"이봐 해봤어?"

고(故) 정주영 현대 창업자의 어록 중 하나로 꼽히는 이 문장. 간결하지만, 인재를 가르는 가장 중요한 기준이라고 생각한다.

그리고 이 어록을 활용해 지난 2023년 현대에서 "해봤어" 광고가 나왔다. '못' 바이러스가 지구에 침투해, 모든 현대인들이 "난 못해"라고 포기하고 있는 와중에, '해봤어' 정신이 등장하며 '못' 바이러스를 물리치는 내용이다. MZ세대의 반응은 어땠을까? 이 광고는 유튜브에서 1,000만 조회수를 돌파하며 MZ세대 사이에서 큰 반향을 일으켰다. 어떤 일이 주어졌을 때, '난 못해'라고 생각하는 것과 '그래도 해보자'라는 마인드가 주는 차이는 굉장히 크다.

내가 미디어 업을 하며 만나 온 좋은 리더들이 공통적으로 지닌 특징은 '실행력'이 남다르다는 것이었다. 생각은 누구나 할 수 있다. 고민도 누구나 할 수 있다. 무언가를 도전하는 이들이 생각이 짧고, 고민을 하지 않아 도전하고 실행하는 게 아니다. 백 번 고민하고 생각해도, 실행을 하지 않으면 아무것도 달라지지 않기 때문이다. 우리 회사의 코어밸류 중 2개는 '도전정신'과 '실행력'인데, 도전정신과 실행력은 사실 한 묶음이다. 도전정신이 있어야 실행으로 이어질 수 있기 때문이다. 그래서 나는 조직원들에게 코어밸류에 대해 이야기할 때 "세상에 의미 없는 도전은 없으니, 맘껏 도전하고 실행으로 옮기라"라고 말한다.

그리고 내가 이 말을 할 수 있는 이유는 스스로 살아온 삶에서 직접 '도전하고 실행하는' 경험을 통해 배운 레슨런들이 있기 때문이다.

첫 번째는 '밴드부 보컬'이다. 학창시절 가장 큰 목표 중 하나인 '명문대 입학'을 위해 내가 할 수 있는 동아리/대외활동은 '학생회'였는데, 중고등학생 때부터 개인적으로 선망해왔던 동아리는 밴드부다. 무대 위에서 노래하는 보컬이 그렇게 멋있게 보일 수 없었다. 또 으레 많은 아이들이 꿈꾸듯 무대 위에서 연기를 해보고 싶다는 생각도 있었는데, 학생 본분에 맞게 공부를 열심히 하던 나는 고등학생 때 버킷리스트에 '연세대학교 밴드부 하기', '연세대학교 연극부 하기' 이 두 가지를 적어넣었다. 그리고 연세대학교에 입학한 새내기 때 바로 밴드부, 연극부 과동아리를 들었다.

사실 난 노래를 잘하지 못한다. 음정, 박자가 잘 맞지도 않지만, 도전정신 하나로 면접에 붙었고, 대동제 정기공연, 학기 정기공연까지 모두 마치고 2학년 때부터는 학업에 열중하기 위해 동아리를 모두 그만뒀다. 이 경험으로 나는 잘하지 못하는 것에 도전해도 그 자체로 충만하다는 것을 깨달았다. 해보고는 싶은데 그때 도전하고 실행으로 옮기지 않았다면 나는 계속 도전해보지 못했던 것에 미련을 가지고 있었을 것이다.

나는 도전을 해봄으로써, 무대에 섰던 경험이 정말 좋았다는 것, 하지만 그걸로 끝일 뿐, 내게 노래나 연극이 주는 의미가 크게 가슴을 설레게 할 만큼 중요한 건 아니었다는 것, 부딪혀보아야만 느낄 수 있는 것들을 깨닫고는 깔끔하게 다음 꿈, 넥스트 스텝으로 나아갈 수 있었다.

그냥 동아리 이야기인데, 왜 이렇게 거창하게 말하나 싶은 사람도 있을 것이다. 하지만 이 경험은 내게 인생의 진리를 깨닫게 하는 중요한 경험이었는데, 바로 '사람은 어차피 후회한다는 것'이고, 이왕 후회를 한다면 하지 않아 남게 되는 후회와, 해보고 하는 후회 중 무언가를 도전하고 남는 후회가 훨씬 값지다는 것이다. 하지 않으면 아무 일도 일어나지 않는다. 하지만 적어도 내가 무언가 실행에 옮기고 나면 '생각보다 별 거 아니었네' 싶은 경험도, 하지 않아 남는 후회 즉 미련보다 훨씬 낫다. 무언가 해보지 않고 남는 후회는 평생 마음에 남게 된다. '그때 해볼걸', '그때 했어야 했는데'. 하지만 이 마음으로는 아무것도 달라지지 않는다. 도전을 해서 잘 되면 그 자체로 좋고, 도전을 했는데 막상 달라지는 게 없더라도 적어도 미련은 남지 않을 수 있으니….

대학교 새내기 때, 중고등학교 학창시절에 꿈꿨던 것들을 모두 도전해 보고 나서 깨닫게 된 '잘하지 못하더라도, 완성형이 아니어도 도전해도 괜찮다'라는 나의 가치관은 내가 '멈춤' 상태에 머물러 있다는 생각이 들어 커리어를 이직할 때, 기자 생활을 하다가 취미로 시작했던 SNS를 통해 법인화 및 투자 제안을 받아 창업을 하게 될 때, 플랫폼의 제안으로 나만의 채널이 아닌 크리에이터 MCN으로 확장할 때 등 새로운 기회가 왔을 때 용기를 내 도전하고 기회를 잃지 않았던 내 삶 속 모든 일련의 과정에 영향을 미쳤다.

'도전'과 '실행'의 기쁨과 중요성을 아는 나이기에 우리 사무실이 입주해 있는 아산나눔재단에서 운영하는 마루360을 들어설 때면 기분이 좋다. "인류의 모든 발전은 긍정적인 사고를 가진 사람들의 주도 아래 이루어졌다", "무슨 일이든 할 수 있다고 생각하는 사람이 해내는 법이다", "시련은 있어도 실패는 없다" 등 매일 나를 힘나게 하는 정주영 회장님의 명언을 마주할 수 있기 때문이다.

그 중에서도 사업가로서 가장 마음 다잡게 하는 문장은 이것이다.

"기업이란 현실이요, 행동함으로써 이루는 것이다. 똑똑하다는 사람들이 모여 앉아 머리로 생각만 해서 기업이 클 수는 없다. 우선 행동해야 한다".

생각은 누구나 할 수 있다. 하지만 생각만 해서는 아무것도 달라지는 게 없다. 나는 기자라는 업을 통해, 다양한 분야에서 성공을 이루고 자리잡은 대표들을 만날 수 있었다. 기자를 할 당시 창업을 할 생각이 없었던 나는, 창업가들을 '나와 다른 세상을 사는 사람'으로 규정하고 더욱 객관적으로 그들을 바라볼 수 있었는데, 성공한 기업가들의 공통적인 특징은 '바로 실행하는 사람'이라는 것이었다.

기자를 하다보면 삼라만상 다양한 사람들을 만난다. 개중에는 소위 말만 하고, 이뤄낸 것이 없는 '입만 산 사람'도 있고, 본인이 가지고 있는 것보다 훨씬 포장을 잘해 소위 '쇼잉(showing)'에 강한 사람들도 있다. 다른 사람의 이름과 명성을 본인의 지렛대 삼아 크는 사람도 있다. 다양한 유형의 사람들을 보다 보니 '진짜'와 '가짜'를 구분하는 시각이 절로 생겼고, 그중에서 내가 '이 사람은 진짜 사업가다'라고 생각했던 이들의 공통점은 '도전',

'실행력', '열정' 이 세 가지를 지니고 있었다. 그리고 이 실행력은 '말 뿐이 아닌, 몸소 실천하는 실행력'으로, MZ세대 리더들, MZ세대 일잘러들을 만나면서 말뿐이 아닌, 실행하는 힘에서 차이가 난다는 것을 볼 수 있었다.

불가능했던 수많은 일에 도전하여 성공시킨 현대 고(故) 정주영 창업가는 1960년대 건설업으로 성공한 것에 머무르지 않고, 1970년대 조선업 진출을 결심하며 중요한 실행력을 발휘한다. 여기서 눈여겨 봐야 할 것은, 정 회장이 새로운 산업인 조선업에 진출할 때의 나이가 59세였다는 점이다.

한편 전라남도 완도의 작은 섬 '구도'에서 농부의 아들로 태어나 성공을 이뤄낸 '우아한형제들' 김봉진 대표 또한 음식점 정보가 많을수록 앱 경쟁력이 커지기에 최대한 많은 전단지를 모으고자 직접 온 동네를 다니며 전단지를 수거했던 일화로 유명할 정도로 엄청난 실행력을 지녔다. 발로 뛰고 아파트 경비 아저씨에게 부탁하고, 휴지통을 뒤지기까지 했던 김대표에 대해 첫 투자사 본엔젤스 파트너스 장병규 대표는 김봉진 대표가 거의 매일 전화를 하고 끊임없이 조언을 구하면서 빠르게 성장했다며 꾸준한 실행력을 성장의 발판으로 언급하기도 했다.

실제로 다수의 VC 심사역들이 스타트업 투자 기준에서 공통적으로 꼽는 것 중에 하나가 '실행력'이다. 이는 인사와도 연결이 된다. 나 또한 많은 MZ세대들과 면접을 보고, 함께 일하고 느끼며 직원을 뽑을 때 '실행력'이 있는 인재인지를 확인한다. 그래서 학력과 전공보다도 포트폴리오와 어떤 성과를 이루었는지, 진행했던 프로젝트와 관련해 질문을 더 많이 던진다. 그리고 실제 본인이 이뤄낸 성과 및 포트폴리오가 확실한 사람들은 되든 안 되든 도전하고 실행하는 용기와 힘이 있다는 것을 발견했다.

'실행력'은 사실 타인이 강요한다고 샘솟을 수 있는 것이 아니다. 타의에 의한 실행을 할 수는 있겠지만, 이는 '수동적 실행'일 뿐, '힘 력'을 붙인 '실행력'이라고 할 수는 없다. 그래서 더욱 '실행할 수 있는 힘을 지닌' 인재를 알아보고, 이들의 실행력에 함께 힘입어 회사와 조직을 성장시키는 게 중요한 미션이다.

프라이드와 자존감이
나의 가치를 만든다

　스타트업을 4년간 운영하며 정말 많은 MZ세대 친구들을 면접으로 만나왔고 또 운이 좋게도 훌륭한 인재들과 일할 수 있었다. 수많은 인재들 중 면접 때 가장 기억에 남는 지원자가 있다. 바로 자신의 이전 경력에서 본인이 이뤄낸 성과를 수치화해 매우 구체적으로 말했던 직원 A다.

　방송국에서 숏폼 채널을 담당했던 A는 채널 리브랜딩, 본인이 운영하는 쇼츠 영상을 통해 유튜브 구독자 3배 성장, 채널 수익 700% 성장을 이뤄내 성과금을 받기도 했으며, 인턴PD로 오리지널 콘텐츠를 기획, 제작, 연출을 맡아 성과금을 받았던 이력을 이야기했다.

　여러 경력 및 성과, 포트폴리오를 어필한 지원자들이 많았지만, A가 특히나 눈에 띄었던 이유는 본인이 맡았던 업무와 성과가 상당히 구체적이고, 그 안에서 자신이 맡아 해낸 일에 대한 프라이드를 강렬하게 느낄 수 있었기 때문이다. 그리고 뉴스에 와서 어떤 일을 해보고 싶고, 어떤 일이 기대되는지 이야기를 하면서 마지막에 "대표님이 벌이는 일들을 모두 다 따라가며 배우고 싶다"라는 마지막 한 방을 어필했다.

그리고 채용 결과, A의 퍼포먼스는 기대 이상이었다. 광고 기획서 및 콘텐츠 기획, 제작 등에서 모두 기대 이상의 결과물을 내놓았고, 그 결과물은 기대 이상의 퍼포먼스로 이어졌다. 이 친구의 업무를 지켜보며 알 수 있었던 건, 본인이 맡은 업무에 대해, 주말에도 시간을 쏟아부어 완성도 있는 퀄리티의 결과물을 내놓았던 것인데, 누가 시키지 않아도 그렇게 열정을 불태워 성과를 낼 수 있었던 건 자신이 하는 '업무에 대한 프라이드'가 굉장히 높았기 때문이다. 신입임에도 내가 맡은 업무는 적당한 퀄리티로 완성하지 않겠다는 자신의 업에 대한 프라이드. 이 친구를 보며 자극도 많이 받았고, 오히려 1N년 차의 경력직 B보다 훨씬 좋은 성과를 내는 것을 보며, 일의 성과를 좌우하는 것은 연차가 아닌, 맡은 일에 대한 프라이드라는 사실을 깨달았다.

그리고 1N년 차의 팀장과 업무시기가 겹쳐 프라이드와 자존감의 중요성을 더욱 알 수 있었는데, 어떤 일에 대한 피드백을 줄 때, 자존감이 높은 직원의 경우 성과가 좋지 않은 것을 받아들이고 빠르게 개선점을 찾아 더 좋은 결과를 만들어내는 반면, 자존감이 낮은 사람의 경우 본인의 성과가 낮은 것 자체를 받아들이지 못하고, 본인이 하는 방법이 맞으니 기다리다 보면 성과가 나올 거라고 해서 기다린 결과, 5개월을 그대로 날린 적도 있다. 그 자존감이 본인에게 향한 자존심이 아닌, 적어도 업무에 대한 자존감, 프라이드였다면 최소한 성과가 나오지 않는 프로젝트들을 끊임없이 톺아보고, 개선점을 찾아 더 좋은 성적으로 증명하고자 했을 것이다. 하지만 그에게서는 업무 시간을 딱 맞춰 칼퇴근하는 것 외에 그 어떤 노력도 찾아볼 수 없었다.

이때, '자존심'과 '자존감'이 업무에도 굉장히 큰 영향을 끼친다는 사실을 알았다.

자존심은 '자기를 높여 잘난체함'을 의미하는 단어로, 남에게 굽히지 않고 자신의 품위를 스스로 지키는 마음을 뜻한다. 그리고 자신의 능력에 비해 과제의 난이도가 높다면 자신감이 떨어지며, 자신의 능력을 실제보다 과대평가하는 경우 자신감이 지나치게 높아지는데, 이 상태를 '자만 상태'라고 한다.

자존감은 '나를 존중하는 마음'으로, 자신을 객관화하고 있는 그대로의 모습에 대한 긍정을 뜻하며, 나 스스로를 존중하며 나는 가치 있는 사람이라는 믿음이다. 그리고 자존감의 세 요소는 '자기효능감', '자기조절감', '자기안정감'으로 이루어진다.

자기 효능감은 내가 어떤 일을 해낼 만한 능력이 있다는 믿음으로, 자기 효능감이 높은 사람은 스스로 어떤 일을 할 때 실패에 대한 두려움이 적고, 내가 이걸 성공적으로 마칠 수 있을 거라 생각하기 때문에 어려운 일이 닥쳐도 끈기 있게 버텨나갈 수 있다.

자기조절감은 내 삶은 스스로 조절할 수 있다는 느낌, **자기 안정감**은 내 인생이 편안하고 안정되게 유지된다는 느낌으로, 자기 안정감이 강할 경우 힘든 상황에서도 당황하지 않고 안정을 찾을 수 있다.

유튜브 채널 〈정신과의사 뇌부자들〉에 따르면, 자존감 낮은 사람의 특징은 다음과 같다. 먼저 일을 성공적으로 해낼 수 있다는 믿음이 부족해 할 일을 미루는 것, 안될 것 같으면 그만두거나 포기하는 것, 사람 관계에서 사랑, 인정을 끊임없이 확인하고 집착하거나 너무 눈치 보느라 관계를 잘 못 맺는 것, 타인과 비교를 많이 하는 것, 지나치게 남 탓을 하는 것이다.

이런 자신에 대한 자존감, 프라이드가 중요하다는 생각은 내 경험을 통해서도 느낄 수 있었다. 내가 '연세대학교에 입학한 것'과 '아나운서'를 했던 데에는 사실 '높은 자존감'이 큰 역할을 했다고 생각한다. 고1 때까지는 반에서 중간 정도 등수를 차지했고, 워낙 말괄량이 같은 성격이다 보니 학교에서 '공부를 잘하는 애'라는 인식이 없었다. 그러다 입시가 실질적으로 다가왔다고 느껴지는 고2 때부터 정식으로 마음을 먹고 '연세대학교 가겠다'

는 일념으로 공부를 시작했는데, 나를 1학년 때부터 봐왔던 선생님은 '네가 무슨 연세대냐'라고 이야기를 하셨고, 동급생 친구 또한 '네가 연세대학교를 가면 장을 지진다'고 말하기도 했다. 워낙 모든 일을 긍정적으로 생각하던 나였기에 '어떻게 저런 부정적인 말을 함부로 하지'라며 상처를 받기도 했지만, 주변의 말들에 흔들리지 않았고, 나 자신을 믿고 주님께 기도하며 꿋꿋이 '미래 연대생'이라는 글자를 써 붙이고 공부를 해 합격했다 그리고 내가 해낼 수 있다는 걸 믿고 노력하면 원하는 것을 성취할 수 있다는 경험으로 남게 되었다.

아나운서를 한다고 할 때도 마찬가지였다. 내가 워낙 말을 하는 것을 좋아하다 보니, 어릴 때부터 말을 빠르게 해서 발음이 안 좋다는 이야기를 많이 들었는데, 아나운서를 하겠다고 했을 때 '네가 발음도 안 좋고, 목소리 톤도 너무 높은데 어떻게 아나운서를 해'라는 이야기를 들었다. 그럼에도 매일 발음·발성 연습 및 톤 잡는 연습을 해 지상파 지역국 아나운서·뉴스리포터 공개 채용에 당당히 합격할 수 있었다. 만약 내가 못 한다고, 나는 안 된다고 도전하지 않았다면, 나는 원하는 모든 것들을 꿈으로만 안고 포기했을 거다. 이런 일련의 도전과 성공의 경험들을 통해 나는 나를 믿을 수 있는 힘이 생겼고, 도전하고 실패해도 큰 일이 생기지 않는다는 것을 몸소 깨달을 수 있었다.

그리고 매사 도전하며 최선을 다해 성과를 이루어 낸 고등학생 때의 나, 대학생 때의 나, 아나운서였던 나 등 모든 순간에서 열과 성을 다했던 나에게 더 떳떳한 지금의 내가 될 수 있도록 나는 내가 직장에서 맡은 업무 이상의 것들을 해냈다. 일을 찾아서 했던 건 나를 믿고 기회를 준 회사, 그리고 업으로서 프로페셔널로 인정받고 싶은, 업에 대한 나의 프라이드가 가장 큰 원동력이었다. 때문에 따로 야근 수당이나 주말 수당도 청구하지 않았는데, 나중에 회사에서 나의 업적을 기려 성과금과 함께 보너스와 기획기사상, 최고의 기자상 등을 주니 기대하지 않았던 선물을 받은 기분이었다.

일에 몰입할 수 있었던 나의 원동력이 돈이나 승진과 같은 외적 요인이 아닌, 내 업에 대한 프라이드, 나라는 사람의 자존감에서 올 수 있었기 때문이다.

이처럼 자신, 그리고 업무에 대한 프라이드가 있는 사람을 찾아라. 이들은 본인의 업에서도, 삶에서도 떳떳할 수 있는 프라이드를 지키고자 할 것이고, 업무에 대한 프라이드는 바깥에서 오는 것보다 훨씬 강력한 힘을 발휘할 것이다.

유한게임이 아닌
무한게임을 하는 사람

인생에는 두 종류의 게임이 있다. 바로 '유한게임'과 '무한게임'이다.

유한게임은 한정된 자원, 주어진 시간 내에서 경쟁하며 승자와 패자가 명확히 구분되는 게임이고, 무한게임은 경쟁자가 특정되지 않고, 시간이 무한대이며 결승선이 없이 지속적으로 협력하고 성장하는 게임이다.

유한게임 플레이어들은 승리하기 위해 게임을 하고, 승자가 나왔을 때 비로소 끝난다. 하지만 무한게임 플레이어들의 목적은 승리가 아닌 '플레이의 지속'이다.

뉴욕대 종교학과 교수 제임스 P. 카스의 저서《유한게임과 무한게임》에 나오는 말이다.

조금 더 쉽게 유한게임과 무한게임을 설명하자면, 유한게임은 스포츠, 게임, 대학 입시 등을 예로 들 수 있고, 무한게임은 기술 혁신, 비즈니스, 크리에이터 산업을 예로 들 수 있다.

내가 하고 있는 비즈니스와 크리에이터 사업은 모두 '무한게임'의 영역인데, 특정할 수 없는 여러 참여자 가운데, 정해진 시간과 속도가 아닌, 내가 만들어가는 길을 나의 페이스에 맞게, 지속 가능하게 걸어갈 수 있는 게임이기 때문이다. 하지만 무작정 걷기만 하면 지칠 수 있다. 때문에 무한게임을 하는 사람들에게는 '비전'이 무엇보다 중요하다.

'비전'이 무한게임을 하는 사람의 목적지와 방향성이 명확할 때, 지속 가능하게 길을 잃지 않고 나아갈 수 있기 때문이다.

그리고 소셜미디어와 기술의 발달로, 나를 알릴 수 있고 내가 하고 싶은 것들을 무자본으로 도전해 볼 수 있는 시대가 된 지금, 성공적인 MZ세대 리더들은 승자와 패자가 갈리는 유한게임의 영역을 벗어나 자기만의 길을 개척해 가는 '무한게임'을 하고 있다는 공통점을 가지고 있다.

무한게임을 하는 사람은 크게 다섯 가지 특징을 지닌다.

먼저, 무한게임을 하는 사람은 '새로운 아이디어와 혁신'을 주도한다. 빠른 속도로 발전하고 있는 기술과 새로운 시장 동향에 대해 민감하게 반응하며, 이 변화를 캐치하고 선도하는 데 중점을 둔다. 그리고 이 혁신을 통해 새로운 기회를 얻고 가치를 만들어낸다는 특징이 있다.

두 번째로 타인과의 경쟁이 아닌 '지속적인 성장'에 집중한다. 단기적인 성과뿐 아니라, 장기적인 비전을 가지고 있으며, 이를 통해 지속적으로 학습하고 발전하는 데에 힘을 쏟는다. 타인과의 경쟁을 할 필요가 없기에 이타적인 마음으로 사람과 관계할 수 있으며, 단기적인 승패가 목적이 아니기에, 단거리 경주가 아닌 마라톤을 하듯이 장기적인 관점에서 지속적인 성장을 하며 꾸준히 발전하는 삶의 태도를 지니고 있다.

세 번째 특징은 '협력과 공유'를 한다는 것이다. 무한게임을 하는 사람은 유한게임과 달리 승자와 패자가 명확히 구분되지 않는다. 때문에 MZ 리더는 타인, 팀과의 협력을 통해 서로의 강점을 살려 '함께' 성장하고자 한다. 이는 이어지는 다음 장 〈테이커가 아닌 기버〉와도 연결되는 내용으로, 단순히 경쟁 혹은 실리적 관계를 초월하는 관계를 맺을 때, 관계와 성장의 폭은 훨씬 깊어진다.

《퓨처셀프》에는 '변혁적 관계'라는 개념이 나온다. 변혁적 관계를 맺으라는 건 서로에 대해 계산기를 두드리는 것이 아닌, 서로 돕고 지원하는 진정한 열망의 관계를 뜻한다. 변혁적 관계의 목적이자 방식은 '변화'이며, 베풂과 감사, 성장에 초점을 맞춘 변화가 변혁적 관계의 핵심이다.

나는 아나운서, 기자라는 직업을 통해 운이 좋게도 많은 사람들을 만나고 대화하다 보니, 말을 몇 마디 나누면 대략적으로 사람에 대해 파악되는 부분들이 있는데, 결국 성공하고 잘되는 사람들은 눈에 보이는 이익, 자신만의 이익을 떠나 '진정으로' 이타적인 마음을 지닌 사람이라는 특징이 있다. 그래서 단기간에는 누군가에게 너무 뺏기는 것 같고 내가 하는 일이 손해 보는 것 같아도, 장기적으로는 더 크게 돌아올 것이라는 것을 꼭 이야기해주고 싶다.

네 번째 특징은 '지속 가능한 비전'을 지닌다는 것이다. 마라톤과 같은 무한게임을 하기 위해서는 '장기적인 비전'이 필수이다. MZ리더는 단기적인 이익만을 추구하는 게 아니라, 지속 가능한 비전과 가치를 추구하며, 조직, 나아가 사회의 발전에 기여하고자 한다. 이 또한 이타성을 기반으로 한다.

마지막으로 무한게임을 하는 사람은 도전하며, 실패를 두려워하지 않는다. 한정된 시간과 자원에서 승자와 패자가 결정되는 유한게임에서는 실패가 곧 결과가 될 수 있지만, 지속 가능하게 게임할 수 있는 무한게임에서 실패는 다음 도전을 위한 밑거름이며, 경험이자 자산이다.

이처럼 MZ세대의 리더는 단순한 경쟁이 아닌 협력과 지속적인 발전에 초점을 맞춘 무한게임을 통해 조직 또는 사회의 지속적인 성장을 추구하는 데 관심을 가지고 있다.

앞으로 세상에는 더 많은 콘텐츠가 쏟아지고, 사람들의 관심사는 더 세분화될 것이다. 만약, 아직도 유한게임에 머물러 있다는 생각이 든다면, 나만의 비전을 찾아 무한게임으로 스위치를 옮겨보는 건 어떨까?

결국은 기버가
테이커를 이긴다

와튼스쿨의 애덤 그래트 종신 교수는 사람들이 타인과 상호작용할 때 '줄 것이냐, 받을 것이냐'를 선택하는 유형에 따라 사람들을 '기버(Giver)', '테이커(Taker)', '매처(Matcher)'의 세 부류로 나누었다.

기버란 자신이 받은 것과 상관없이 최대한 많은 것을 주고 싶어 하며, 받는 것보다 주는 것을 더 좋아하는 사람, **테이커**는 준 것보다 더 많이 받으려고 하는 사람, **매처**는 주는 만큼 받고, 받은 만큼 주고자 하는 사람을 뜻한다.

여기에서 기버는 단순히 주는 것을 좋아한다기보다, 자신보다 상대방의 유익을 위해 행동하며, 자신이 가진 자원을 총동원해 누군가를 돕고자 하는 사람이고, 테이커는 기버의 정반대 편에 있는 사람들로, 세상을 먼저 잡아먹지 않으면 잡아먹히는 치열한 경쟁의

장으로 본다.

지난 2013년 애덤 그래트 교수의 베스트셀러 《기브앤테이크 (Give and Take) : 주는 사람이 성공한다》에서 나온 이 개념은, 오늘날까지도 중요하게 회자되고 있다. 특히나, 코로나19가 시작된 2020년부터 팬데믹 시기를 거쳐 엔데믹으로 넘어오며 관계에 대한 사람들의 관심이 쏠림에 따라 다시금 더욱 각광받고 있다.

위 개념으로만 보면 기버는 세상 살기에 너무 순진하고, 당하기만 하며 실속이 없을 것 같고, 테이커가 성과 위주로 빠른 승진을 해나갈 거라고 생각할 수 있다. 책에서 또한 연구결과를 통해 어느 직종에서든 기버가 성공 사다리의 밑바닥을 차지하고 있는 것으로 나타난다고 한다. 하지만, 여기에서 놀라운 사실은, 성공 사다리의 맨 꼭대기에 오른 사람들 역시 기버라는 것이다.

남들에게 더 주는 것을 좋아하는 기버가 어떻게 성공 사다리의 맨 꼭대기에 오를 수 있을까? 애덤 그래트 교수는 기버가 가장 높은 성과를 내는 것은 상대와 신뢰를 쌓은 덕분이라고 설명한다. 기버가 살아오며 차근차근 쌓아올린 신뢰와 희생을 통해, 기버가 도움을 청하면 대부분의 사람들이 흔쾌히 자신의 인맥, 정보, 시간, 노력을 기울여 돕는다는 것이다.

기버와 테이커의 개념을 접한 후, 그동안 내가 스스로 가지고 있었던 의문이 조금은 풀리는 느낌이었다. 나는 스타트업을 운영하며 IR 라운드를 돈 적이 없는데, 투자를 받고 창업했다고 하면 많은 사람들이 놀란다. 내가 기자를 하던 당시, 더 많은 사람에게 IT/테크 정보를 전하고 싶어 사이드로 진행했던 SNS채널 '틱톡'이 시작 3주만에 'SNS 프라이버시 꿀팁'으로 140만 조회수를 달성하고, 틱톡 주간조회수 랭킹 Top5에 들며 K-pop 대부인 JYP를 넘어섰을 때, 미국에서 액셀러레이터 사업을 하고 계시던 《거의 모든 IT의 역사》의 저자 정지훈 미래융합전문가에게서 연락이 왔다.

투자 의사를 말씀 주시며 법인화를 제안한 것이다. '기자로서 사람들에게 좋은 콘텐츠를 전해야지'라는 개인적인 미션은 품었지만, 함께 창업을 한 번도 생각해 본 적 없던 나는 큰 고민을 하게 됐고, 고민을 안고 떠났던 출장길에서 만난 아트센터나비의 노소영 관장님 또한 식사 자리에서 내가 안고 있는 고민을 물으셨다. "법인화 제안을 받았는데 한 번도 생각해본 적이 없고, 팀 빌딩에서부터 고민이다"라고 답변을 드렸더니, 어떤 아이템으로 창업을 준비중이냐고 물으신 질문에 '미래세대에게 숏폼으로 양질의 콘텐츠를 전하는 뉴미디어 스타트업을 고민 중이다'라고 답변을 드렸더니, 노 관장님도 투자하고 싶다고 말씀을 주셨다. 그렇게 매사에 새로운 것을 배우시고 누구보다 현명하신 두 분께서 사업계획서도 없는 상황에서 투자를 해주신다고 하니, 감사한 마음과 함께, 나도 용기를 내어 도전해 볼 수 있겠다는 믿음을 얻었다. 그리고 창업을 하자마자, 스타트업 유튜브 EO의 김태용 대표님이 식사 제안을 했고, 식사 자리에서 뉴스가 투자받는다는 이야기를 들었는데, 룸이 있을지 먼저 말을 꺼내셨다. 그렇게 나는 평소 존경하던 분들로부터 사업계획서 없이 엔젤투자를 받을 수 있었다.

라운드를 따로 돌지 않고, 사업계획서 없이 투자를 받았던 사실을 이야기하면, 일반적인 스타트업의 투자 유치 스토리와 다르기에 많이들 놀라시기도 하는데, 공통적으로 "대표님 보고 투자하신 거네요"라고 이야기를 한다. 그러면 나는 나는 내가 뭐라고 나만 보고 투자를 하셨겠냐, 사업 아이템이 좋아서 투자를 하셨을 거라고 생각했는데, 기버와 테이커의 개념을 접하고 나니, 어쩌면 기버로 살아왔던 나의 삶이 준 기회일 수도 있겠다는 생각이 들었다.

기자를 할 때 가장 행복했던 건, 만나고 나면 나를 한 뼘 더 성장시킬 수 있도록 자극을 주는 각 분야의 멋진 사람들을 만날 수 있었던 것이다 그런데 나 혼자만 이분들을 아는 것이 너무 아쉽다는 생각이 들어, 만나면 서로 시너지를 낼 수 있을듯한 각 분야의 사람들과 정기적인 스터디, 소모임, 네트워킹 파티 등을 만들어 사람과 사람들을 연결하는 일들을 했다. 그리고 워낙 사람을 가려 만나는 터라, 한창 업계에서는 "이 분야의 진짜 핵심 인물(Core)들을 만나고 싶으면 김가현 기자를 찾아가라"라는 말이 있다고 주변에서 우스갯소리로 이야기를 해주기도 했다.

이처럼 나는 내가 봤을 때 진짜 신뢰할 수 있는 사람들이라는 판단이 서면 나의 인터뷰이 리스트 및 내가 활동을 하며 만난 최고의 사람들을 연결해주었다. 정말 좋은 사람들이 서로 연결되어 더욱 시너지를 냈으면 하는 기쁨 하나로 연결했다.

하지만, 마냥 사람을 좋아하고 다른 사람들의 성장 돕기를 좋아하는 나에게도 시련은 찾아왔다. 뉴미디어 스타트업을 창업하며 창업 1년 차에, 뉴즈와 같은 더 다양한 분야의 전문가들이 MZ세대에게 양질의 정보 콘텐츠를 전할 수 있으면 좋겠다라는 마음으로 크리에이터 매니지먼트 사업 '메이저스'를 런칭하며, 제작팀 PD들을 채용하고, 주변인 중 크리에이터로서의 자질이 있겠다 싶은 사람들을 선별하여 제작팀을 붙여 채널을 만들어줬다. 그리고 뉴즈 채널이 컸던 노하우를 바탕으로 300여명의 크리에이터들을 양성했다. 그렇게 회사의 노하우와 매니지먼트팀의 서포트, 제작팀의 리소스 지원 등을 통해 물심양면으로 채널들을 양성했는데, 개중에서는 바깥에다가 이야기를 하고 다닐 때, 회사를 통해 컸다는 것을 싹 지우고 혼자서 큰 것처럼 이야기하고 다니는 사람들이 여럿 있었다.

이런 이들을 볼 때, 내가 왜 굳이 우리 회사 채널이 컸던 노하우를 공유하고 제작팀 인력을 붙여 키워서 남 좋은 일만 했을까 싶어 현타가 오기도 했다. 그리고 모든 사람이 나와 같은 마음은 아니라는 것도 깨달았다. 아울러, 필요할 때만 나를 찾는 것이 정말 많이 속상하고 이해가 되지 않았지만, 이들이 기버의 반대급부에 있는 '테이커'라는 것을 알게 된 후 혼란스러운 마음이 명확해졌다.

애덤 그래트 교수는 "결국은 기버가 테이커를 이긴다"라고 말한다. 자신의 이익을 위해 타인을 이용하고 자신을 포장하는 테이커들에게도 결국은 테이커들의 행동이 그대로 적용되기 때문이다. 인생은 단거리가 아닌 장거리 경주이고, 당장은 가면을 쓰고 테이커임을 속일 수는 있어도, 오래 지켜보면 가면의 민낯은 드러나기 때문이다. 그래서 '굳이 내가 억울해할 필요 없이 나중에는 알게 되겠지'하고 마음을 비워내고 있다.

애덤 그래트 교수는 결론적으로 "기버를 보호하고, 테이커를 걸러내야 한다"라고 주장하는데, 그래트 교수가 테이커를 걸러내는 방법은 다음과 같다.

1) 공감 능력이 낮은 사람
2) 자기 합리화가 심함
3) 남에게 피해를 입힘

그럼에도 힘을 낼 수 있었던 건, 반대급부에서 누구보다 회사의 고생을 알고, 항상 회사에 감사해 하며 좋은 광고주 및 크리에이터들이 있을 때 회사와 연결해주려고 하는 기버 정신을 지닌 크리에이터들이 있기 때문이다. 하지만, 기버가 지쳐 쓰러지지 않고 성장할 수 있도록 우리는 이들을 격려해 줄 필요가 있다. 성공 사다리의 밑에 있는 기버들은 결국 극단적으로 베풀기만 하면서 결국은 자신의 에너지를 소진하고 마는 경우인데, 타인과 함께 성장하고

자 하는 선한 기버를 찾아내고 지킬 수 있는 내부 시스템을 갖추는
게 무엇보다 중요하다.

MZ를 누구보다 이해하고 싶은 리더, 그리고 N년 뒤 리더가 될 세대에게

처음부터 리더로 태어난 사람은 없다.

하지만 많은 리더, 대표들이 시작부터 좋은 리더가 되어야 한다는 압박에 다른 사람들은 모를 고통과 눈물을 가면 아래 숨기고 살아간다. 항상 자신감이 넘쳤던 나조차도 리더로서의 내 모습에는 10점을 줬다.

'내가 일을 잘하는 사람은 맞지만, 과연 좋은 리더일까?'

사실 나는 학창시절 부회장 선거만 나갔다. 어린 나이에도 '오롯이 반 친구들을 책임져야 하는' 회장의 자리는 부담스러웠기 때문이다.

그 많은 도전을 하면서도 '책임감'이라는 무게로 리더의 자리를 감히 꿈 꾸지 않던 내가 창업을 하고, 회사의 대표가 되어 직원들과 크리에이터들의 인생을 책임지는 삶을 4년째 살아가고 있다는 게 아직도 낯설다.

때문에, 수많은 언론 인터뷰를 진행했지만 개인적으로 가장 어려웠던 인터뷰는 패션매거진 마리끌레르에서 Z세대 리더로 꼽혀 진행한 인터뷰였다. 리더십에 대해 묻는 질문에 나는 다음과 같이 답했다.

뉴스에서 나는, 회사의 방향성을 제시하고 비전이 현실로 이뤄질 수 있도록 이끄는 일을 한다. 뉴미디어라는 새로운 여정에서 모두가 길을 잃지 않도록 비전을 제시하고, 현실화될 수 있게 함께 뛰고 있다.

성공한 조직은 조직의 성장과 개인의 성장이 동반하는 조직이다. 낡은 리더십 대담한 리더들은 '정답'을 가진 척하지 않으며 자신의 부족함을 솔직히 인정한다고 말한다. 여전히 강력한 카리스마, 완벽주의와 같은 옛날 리더십에 갇혀 있다면, 이제는 모든 리더들이 두려움을 마주할 용기를 내고 새로운 리더십을 보여줘야 할 때이다.

"리더는 회사와 비전, 사람에 대한 희망을 놓지 않는 사람이다."

1백 개의 스타트업이 있다면 1백 가지 리더십이 있다고 본다. 적어도 이 분야에서는 천편일률적인 성공 법칙이나 리더십은 통하지 않는다. 미개척지에서 시행착오는 당연한 일이다. 그러니 그 안에서 리더 역시 완벽하지 않다는 것을 인정하고 동시에 희망을 잃지 않고 부족한 것은 채우며 나아가고자 한다.

이 인터뷰를 한 지 2년이 지난 지금 리더십에 대한 내 생각은 여전히 변함 없다. 100개의 회사가 있다면, 100개의 리더십이 생기는 것이지, '좋은 리더'라는 하나의 틀을 만들고 안 맞는 옷을 입으려 해서는 안된다. 우리 개개인은 모두 고유한 존재이기에 나와 가장 잘 맞는 리더십을 개발하면 된다.

이 책에서 우리 회사의 이야기뿐 아니라, 다양한 회사 대표들의 인터뷰를 실은 것 또한 각 회사가 다른 가치관, 다른 조직문화를 가지고 있고 내가 이끌고 있는 팀 혹은 이끌게 될 팀이 있다면 어떤 조직을 만들고 싶은지 최대한 다양한 선택지를 주고 싶었기 때문이다.

또 놓쳐서 안되는 핵심은 '사람에 대한 희망을 놓지 않아야한다는 것'이다. 드라이하게 글을 썼지만 사실 4년간 회사를 운영하며 만난 사람들로 인해 상처받고 놔버리고 싶었던 순간도 있었다.

그럼에도 리더라면 '사람에 대한 희망을 놓치지 말자'라는 마음으로 버텼고, 책을 쓰며 만난 수많은 선배·동료 대표들, 리더십 코치님, 컨설턴트 연구원님의 조언과 인사이트를 조직에 적용해보며 우리 회사만의 문화를 하나하나씩 구축했다.

그 결과 지금은 내 꿈보다 더 큰 꿈을 꿔주는 팀원들 덕분에 더

힘내서 일할 수 있는 원동력을 얻었다. 지금 함께하는 팀원들을 보며 '사람에 대한 희망을 역시 놓지 않으니 보답 받는구나'라는 생각이 든다.

리더의 자리가 처음이라 힘든 것과 같이, 처음으로 사회에 뛰어든 MZ세대에게도 기다림의 시간과 기회를 주는 것이 필요하다. 처음은 누구에게나 힘들기 때문이다.

그리고 실력과 경력을 쌓아 훗날 리더의 자리에 앉게 될 MZ세대 또한, 이 책을 통해 회사와 상사, 리더를 이해할 수 있게 되기를 바란다.

창업 초기 항상 10점짜리 리더라고 생각했던 나, 책을 마친 지금은 그래도 70점까지는 올라온 것 같다. 그리고 그 간극 사이 내게 인류애를 상실하는 경험을 준 사람들, 그리고 절망 속에서도 희망을 꿈꿀 수 있게 해준 구성원들 모두에게 고맙다는 말을 전하고 싶다. 이 경험들이 있었기에 매번 성장하고 사람 보는 눈을 키울 수 있었기 때문이다.

그리고 내 모든 시행착오와 경험, 개선책을 담은 이 책이 나와 같은 고민을 하는 모든 이에게 희망이 될 수 있기를 바라며 글을 마친다.

새벽 1시, 홀로 아직 불이 꺼지지 않은 사무실에서

김 가 현